높여드림의 능력

KB193102

모든 상황에서 천국을 누리는 기적

높여드림의
능력

멀린 캐러더스

규장

BRINGING HEAVEN INTO HELL

CONTENTS

01
진정한 찬양으로

나는 내 삶에서 흥미진진했던 7년의 세월 동안 찬양에 관한 책을 쓰고 가르쳤지만, 정작 나 자신은 아직 찬양의 유치원에조차 들어가지 못했다는 것을 이제야 깨닫기 시작했다. 거짓으로 겸손한 척하는 표현이 아니다. 하나님을 찬양하기 위해 배워야 할 많은 것 가운데 내가 아는 게 거의 없다는 확신이 매일 더 선명해진다. 그러면서 실제로 하나님을 찬양하는 것이 이 땅에 사는 동안 내가 배울 중요한 것 중 하나임을 깨닫고 있다. 하나님이 의도하신 대로 그분을 찬양하는 것은 내 삶의 모든 부분과 연관되어 있기 때문이다. 그렇기에 찬양은 하나님과 우리 관계의 중심점이 되어야 한다.

'효과' 있는 찬양

지난 수년간 나는 수많은 사람이 '찬양'이라는 주제에 접근하는 모습을 보았다. 어떤 사람들에게 찬양은 인생 일대의 변혁이었지만, 또 어떤 사람들에게는 아무 의미가 없었다. 내 삶에서도 똑같이 대조적인 모습을 목격했다. 어떤 때는 찬양이 '효과'가 있었지만, 또 어떤 때는 내가 하는 찬양의 말이 효과가 없거나 공허했다. 왜 이런 차이가 생겼을까?

우선, 찬양은 피상적일 수 없기 때문이다. 찬양은 하루 종일 "주님을 찬양하라, 주님을 찬양하라"라고 말하는 것이 아니다. 우리로 찬양하게 하는 것은 진정한 중심에서 흘러나오는 '무엇'이다. 그 무엇은 하나님의 마음으로부터 즉각적인 반응을 불러온다. 이 무엇인가가 '진정한 찬양'이다.

그렇다면 진정한 찬양은 어떻게 이루어지는가? 우리의 찬양이 진실하려면 우리 삶에 어떤 조건들이 준비되어야 하는가? 또는 우리 삶의 어떤 조건들이 찬양을 방해하는가? 내가 백 세까지 산다고 하더라도, 그 답에 대해서는 여전히 배울 것이 더 있을 것 같다.

찬양의 스킬 너머에 찬양의 본질이 있고, 실제로 지옥에 천국을 가져오는 방법이 있다. 나는 이 세상 무엇보다도, 내가 하나님 찬양하는 것을 그분이 얼마나 원하시는지 더 알고 싶다. 그 무엇보다 내 마음이 하나님을 예배하고 높여드리는 끊임없는 물줄기처럼 흐르기 원한다.

고난으로 순종을 배우신 것처럼

고통은 사람들을 하나로 모은다. 나는 고통스럽지만 다른 사람들은 그렇지 않다고 생각한다면, 그들은 절대로 나를 이해할 수 없을 거라고 확신하게 될 것이다. 당신이 이 책을 읽으면서 '멀린 목사님은 하나님이 바로바로 기도에 응답해주시니 고통을 당할 필요가 없겠지'라고 생각한다면, 당신은 내가 당신을 도와줄 수 있다고 믿지 않을 것이다. 그러나 나도 고통을 당하며, 하나님은 종종 내가 그분을 신뢰한 결과를 보여주시기까지 긴 시간을 기다리게 하신다.

예전에, 사랑하고 신뢰했던 누군가가 나를 교회 자금 유용 혐의로 고발한 적이 있었다. 혐의에 대한 근거가 전혀 없었고 눈곱만한 증거조차 없었다. 고발 내용을 몇 분간 살펴본 판사는 이렇게 말했다.

"이게 뭐 하자는 겁니까? 피고가 잘못된 판단을 했다는 증거가 전혀 없습니다."

하지만 악의적인 고발로 인한 피해는 이미 벌어졌다. 고소인은 내 평판을 공격했고, 그가 원한 것은 그게 전부였다. 많은 사람이 이렇게 말하고 싶어 안달할 것이다. "뭔가 잘못되었다는 걸 난 이미 알고 있었어"라거나 "찬양이 돈을 많이 벌게 해준다는 증거가 여기 있네"라고. 비난은 꼬리에 꼬리를 물고 이어질 수 있다. 하지만 중요한 것은, 예수님이 순종을 배우셨던 것처럼 나도 순종을 배우기 원한다는 것이다.

그가 아들이시면서도 받으신 고난으로 순종함을 배워서 히 5:8

내가 배우고 있는 몇 가지를 나눔으로 당신 또한 하나님을 영화롭게 하며, 그분의 사랑과 능력을 드러내는 찬양의 물결에 마음을 열고 성장하기를 기도한다.

02
빈털터리가 되다

철커덩.

견고한 철문이 닫히고, 수감자는 좁은 지하 감방에 홀로 남았다. 간수가 한 말이 아직도 그의 귓가에 맴돌았다.

"안으로 들어가, 거물 양반. 50년 후에나 데리러 올 테니까!"

악몽이 아니었다. 교도소에 들어오기 전, 수감자는 돈과 인맥이 제공하는 권력과 사치를 누리던 유명한 형사 전문 변호사였다. 그는 자기 신념대로 살았다. 마음에 들면 하고, 원하면 손에 넣었다.

그는 흥미를 좇다가 총기 및 폭발물 딜러, 마약 밀수, 은행 강도, 보험 사기 같은 엄청난 범죄에 가담하게 되었다. 그가 가진 인맥이란 범죄 조직의 거물들이었다.

그의 권력이 급속히 강해지던 마흔 살, 그는 마약을 판매하다가 체포되었고, 모든 것을 잃었다. 아내와 어린 두 자녀는 외롭게 남겨졌다. 그는 더 많은 혐의가 계류 중인 상태에서 우선 50년 형을 선고받았다. 그가 가석방 대상이 될 만큼 오래 산다고 해도, 또 다른 혐의에 대한 형기가 추가될 것이었다.

감방 벽은 핏자국과 인분으로 얼룩져 있었다. 그보다 먼저 그곳을 거쳐 간 수감자 몇몇은 콘크리트 벽 위에 선을 그어 10년, 20년, 30년 세월을 표시했다. 탈출구는 없었다. 감방 안은 어둡고 습했으며, 복도를 따라 들려오는 철문 소리와 미치기 일보 직전의 수감자가 내지르는 비명만이 고요함을 깨뜨렸다.

모든 것을 잃은 자리에서

바깥세상의 황홀한 매력과 성공을 빼앗기고 갑작스레 무기력해진 이 수감자는 홀로 외로이 잊힌 채, 마치 악취 나는 무덤에 생매장된 듯한 기분이었다. 옴짝달싹 못하게 된 그는 차가운 바닥에 무릎을 꿇고 아이처럼 흐느꼈다.

"오, 하나님, 하나님이 살아 계시는지조차 저는 잘 모르지만, 하나님이 계셔서 제 말을 들으신다면, 제가 정말, 정말 잘못했습니다. 용서해주십시오. 하나님이 저를 용서하시고 마지막으로 한 번 더 기회를 주신다면, 제 일생을, 모든 것을, 제 모든 것을 하나님께 영원히 드리겠습니다!"

어둠 속엔 정적뿐이었지만, 뭔가 달라졌다. 두려움과 공포가 사라졌다. 대신에 그의 마음은 저항할 수 없는 용서와 사랑의 감정으로 가득했다. 따스한 감사의 눈물이 수감자의 얼굴을 타고 흘러내렸다. 그는 용서를 구하러 아버지를 찾아왔다가 다정하고 강한 아버지의 팔에 안긴 조그만 아이가 된 기분이었다.

구역질 나는 감방도 더 이상 절망과 고독의 공간이 아니었다. 감방을 벗어나고 싶은 욕망도 사라졌다. 그 수감자가 내게 이런 편지를 보내왔다.

"그런 해방감은 느껴본 적이 없었습니다. 너무나 행복했어요. 그분을 만나게 하시려고 저를 그 냄새나는 작은 감방으로 보내신 하나님께 저는 마음 깊은 곳에서 감사했습니다."

그 수감자는 진 닐(Dr. Gene Neill) 박사다. 그가 내 책《감사의 능력》을 받았노라고 편지를 보내왔을 때, 나는 그를 처음 알게 되었다. 그는 하나님께 헌신한 이후, 누군가 자신의 감방에 몰래 넣어준 성경을 열정적으로 공부했다. 무엇보다도 그는 자신의 삶을 향한 하나님의 명령을 알기 원했다. 《감사의 능력》을 읽을수록 하나님께서 그가 모든 상황에서 감사하기를 바라신다는 것이 더욱 분명해졌다.

그래서 그는 이와 바퀴벌레에 대해, 간수들의 학대에 대해 하나님께 감사했다. 오물 냄새에도 감사했다. 자신이 출소할 즈음이면 이미 중년이 되어 있을 다섯 살배기 아들에 대해 하나님을 찬양했다. 심지어 자기 가족을 파멸로 몰아넣었던 자신의 마음속 탐욕과 무신경함에 대해서도 하나님을 찬양했다.

하나님을 찬양하자 진 닐의 삶에 놀라운 변화가 일어났다. 자신이 기쁨으로 가득 찬 것은 물론이고, 주변 사람들도 영향을 받았다. 동료 수감자들과 간수들이 하나님께 헌신했다. 오래지 않아 진은 최고 보안의 교도소에서 플로리다 습지에 있는 수용소로 이감되었다. 그곳에서는 매일 모기에게 물어뜯겨야 했다. 그럼에도 그가 벌레에 대해 하나님께 감사하자, 모기가 더는 물지 않았다. 동료 수감자들은 그가 모종의 고성능 살충제를 밀반입했다고 확신했다. 오래 지나지 않아 진의 삶에 드러난 하나님의 능력을 목격한 다른 수감자들이 반응하기 시작했다.

2년 후, 진은 교도소를 나왔다. 워싱턴 D. C.에서 전면적인 사면이 이루어진 것이다. 그는 자유의 몸이 되었고, 근방에서 가난하게 살고 있던 아내와 아이들을 만났다. 그들이 자신들의 상황에 대해 다 함께 하나님께 감사하자, 일련의 사건들을 통해 일용할 양식이 채워졌다. 한번은 처음 보는 사람이 길거리에서 이들을 멈춰 세우더니 "하나님이 당신에게 이걸 주라고 말씀하셨어요!"라는 말 외에 별다른 설명 없이 진에게 얼마간의 돈을 주었다. 또 한번은 그의 가족이 보잘것없는 음식을 앞에 두고 감사 기도를 하고 있었는데, 누군가 그들이 '집'으로 삼은 개조한 낡은 버스의 문을 두드렸다. 그 사람은 닐의 가족에게 티본 스테이크 한 꾸러미를 건네주고는 가버렸다.

용서 없이는 찬양의 문을 열지 못한다

진 닐의 사례에서 찬양이 '역사한' 이유는 무엇일까? 그의 마음에서부터 흘러나와 그렇게 즉각적인 하나님의 응답을 받게 한 그것은 무엇인가? 그 핵심을 한 단어에서 찾을 수 있는데, 바로 '용서'다. 진은 용서를 구했고, 자기 삶을 하나님의 손에 맡겼다. 하나님의 응답은 즉각적이었다. 언제나 그렇다.

진정한 찬양은 용서받은 마음에서 우러나는 자연스러운 반응이다. 용서는 찬양에 꼭 있어야 하는 기반으로, 하나님과 우리 사이의 모든 관계에 대한 열쇠를 쥐고 있다.

우리를 창조하신 하나님보다 우리 본성을 더 잘 아는 분은 없다. 하나님은 우리가 불순종했으며, 그 때문에 하나님과 분리된 것을 아신다. 하나님은 우리의 망가진 관계가 회복되기를 간절히 원하시지만, 우리에게 맡겨서는 아무것도 제대로 해낼 수 없다는 것을 알고 계시기 때문에 스스로 감당하기로 오래전에 결정하셨다. 불순종한 우리는 죽어 마땅하기에, 하나님은 우리를 대신해 그분의 독생자 예수 그리스도를 죽게 하셨다. 그로 인해 우리 죗값이 탕감되었고, 하나님의 용서 체계가 확립되었다.

'용서'란 잘못을 저지른 사람에게 보상 청구를 포기한다는 의미다. 잘못을 저지른 사람은 바로 우리다. 하나님은 예수님이 행하신 일들에 근거해서 우리에 대한 모든 상환 청구를 포기하셨다. 하나님은 우리에게 나쁜 감정을 갖지 않으신다. 아주 단순한 이야기 같지만, 이것을 완전하게 이해하지 못하는 경우가 많다. 우리 대부분은 하나님의 용서를 과소평가한다. 만약 하나님의 용서를 완전히 이해한다면, 우리는 남은 일생을 벅차오르는 감사와 넘치는 기쁨으로 살게 될 것이다. 우리는 하나님이 보상을 청구하지 않으신다는 사실에 감사할 수밖에 없을 것이다!

진정한 용서는 복종에 달려 있다

하나님과 우리의 관계를 회복시키기 위해 구원 계획이 세워졌지만, 우리가 그것을 받아들이지 않으면 효력이 없다. 모든 죄책에서 해방된다는 생각이 우리를 흥분시킬 거라고 생각할지 모르지만, 오히려 주춤하게 된다. 그 계획에서 우리 역할이란, 자신에게 잘못이 있다고 인정하는 것이기 때문이다. 내 생각에 인류에게 가장 어려운 일은 우리가 아무것도 제대로 할 수 없음을 인정하는 것이다. 우리는 여전히 자존심을 세우며 하나님이 우리를 위해 하신 일들을 인정하지 않기 위해 무슨 일이든 마다하지 않는다.

그 이유는 우리가 어릴 때부터 "제 몫을 해야 한다", 다시 말해 "밥값은 해야 한다"라고 배웠기 때문이기도 하다. 우리는 '자수성가'를 자랑스러워하며, "저 사람들을 봐, 저들은 세상에서 스스로 성공했잖아!"라고 말할 것이다.

자기 성취에 대한 교만은 우리를 하나님과 분리시킨다. 우리는 모든 것을 스스로 처리하길 원하여 우리의 문제와 고통이 견딜 수 없는 지경에 이를 때까지 계속 발버둥질한다. 심지어 그때조차도 우리는 하나님의 해결책을 거부하면서 이렇게 말한다.

"하나님 앞에 거지꼴로 나오기가 부끄럽습니다. 일단 이 꼬락서니를 벗어날 때까지 기다려야겠어요!"

어떤 이들은 뜨뜻미지근한 고백을 시도한다. 말로는 죄송하다고 하지만 행동은 그 말을 부정하며, 이전에 하던 행동을 되풀이한다. 우리의 회개에는 '하나님 뜻에 대한 복종'이라는 중요한 요소가 빠져 있다. 굴복이란 상대방의 힘에 자신을 내맡긴다는 뜻이다. 하나님과의 관계에서 굴복하지 않는 것은 우리 자신을 속이는 일일 뿐이다. 아마도, 잘못을 저지른 일은 그다지 죄송하지 않지만 들켜서 유감이라는 의미일 것이다.

하나님과의 관계를 회복하는 진정한 용서는 우리가 하나님의 뜻에 굴복하느냐에 달려 있다. 굴복함이 없다면, 세상에서 살다가 상황이 힘들어지면 집으로 돌아오는 가출 청소년처럼 굴 것이다. 아이는 이렇게 말할 것이다.

"가출해서 죄송하지만, 집에 오고 싶었어요. 그런데 엄마 아빠의 규칙은 싫어요. 저는 독립적으로 살고 싶어요. 제가 원하는 머리 모양에 원하는 옷을 입고 하고 싶은 일을 할 거예요."

하나님을 그렇게 대해 본 적이 있는가? 당신은 혹시 이렇게 말하지 않는가?

"하나님, 제가 지금 아프다고요. 저를 이 난장판에서 벗어나게 해주신다면 다시는 이러지 않도록 노력해볼게요."

이 말이 당신이 진심이 아니라면, 하나님은 당신의 비밀스러운 생각까지 읽으신다는 것을 기억하라.

'하지만 나는 지금 이대로가 좋고, 별 탈이 없는 한 앞으로도 계속 이렇게 할 거야.'

그런 식으로는 하나님과 친밀한 관계를 맺을 수 없다. 마치 계속해서 가출하는 아이가 오랫동안 부모 곁에 머물며 만족하지 못하는 것과 같다.

불순종의 땅에서 돌아서라

이와는 대조적으로, 성경은 완전하게 회복된 어느 부자(父子)의 이야기를 들려준다. 아들은 유산을 미리 받아가지고 고향을 떠났다. 그리고 그 돈이 다 떨어져서 친구들이 자기를 떠날 때까지 머나먼 나라에서 호화롭게 살았다. 그렇게 돈도 친구도 잃고 굶주리고 외로웠던 그는, 한 농부에게 일자리를 부탁하여 돼지 치는 일을 하게 되었다. 돼지들이 먹다 남긴 것을 먹으며 돼지들과 함께 잤다. 그건 썩 유쾌한 삶의 방식이 아니었다.

어느 날 정신이 번쩍 든 그는 자기 잘못을 깨달았다. 아버지 집에서는 하인들조차도 편안한 삶을 누렸고, 먹을 것도 풍족했다.

자신의 실수를 깊이 뉘우친 그는 자신이 유산을 탕진했기에 더 이상 아들 대접을 받을 자격이 없음을 알았다. 그래도 그는 아버지에게 농장에서 일하게 해달라고 부탁하기로 결심했다. 그는 정말 하찮은 일이라도 기꺼이 하고 싶었다. 그는 이런 마음을 먹고 서둘러 고향으로 돌아갔고, 아버지가 그를 맞으러 나왔을 때 그는 이렇게 소리 질렀다.

아버지 내가 하늘과 아버지께 죄를 지었사오니 지금부터는 아버지의 아들이라 일컬음을 감당하지 못하겠나이다 눅 15:21

아버지는 그를 꾸짖는 대신 크게 기뻐했다. 아버지는 아들을 껴안고, 아들에게 새 옷을 입힌 뒤, 그가 정당한 상속자이며 아들임을 나타내는 가락지를 아들의 손가락에 끼웠다. 그러고는 아들의 귀향을 축하하는 성대한 잔치를 위해 살찐 송아지를 잡으라고 명령했다(눅 15장 참조).

마찬가지로 하나님은 우리 각자가 불순종의 땅에서 돌아오기를 기다리신다. 우리가 잘못을 인정하고 하나님이 우리 삶을 주장하시게 할 준비가 되었다면, 그분의 반응은 성경 이야기에 나오는 아버지의 반응과 같다. 하나님은 우리가 고향에 돌아온 것을 기뻐하시고, 우리에게 새 옷을 입히시며, '잃었다가 다시 얻은' 아들 때문에 큰 잔치를 여신다.

만약 방탕한 아들이 자기 잘못을 뉘우치긴 했지만, 아버지의 용서를 구하러 고향에 돌아가지 않았다면 어떻게 되었을까? 하나님의 용서가 기다리고 있음에도, 어떤 사람들은 고향에 돌아가 용서를 받으려 하지 않는다. 자기 삶이 처한 상황을 몹시 유감스럽게 생각하고 죄책감에 대한 후회로 울부짖지만, 하나님의 용서를 구하지 않는 불행한 사람들이다.

유다가 그런 사람이었다. 그는 예수님을 배신한 것을 후회하며 반역의 대가로 받은 은화 30개를 돌려주려 했다. 그 시도가 실패로 돌아가자 죄책감에 스스로 목을 맸다. 그는 십자가에 달린 예수님이 하신 말씀을 듣지 못했다.

이에 예수께서 이르시되 아버지 저들을 사하여 주옵소서 자기들이
하는 것을 알지 못함이니이다 하시더라 눅 23:34

심한 죄책감에 시달린 나머지 스스로를 파괴하려 하는가? 정
신과 의사들에 따르면, 해결되지 않은 죄책감은 자기 파괴적인
충동을 유발한다. 알코올 의존증 환자나 폭식자, 약물 사용자,
범죄자가 되어 스스로를 단죄한다.

우리는 용서받을 자격이 없으며, 우리 죄가 너무 끔찍해서 하
나님이 우리를 용납하실 수 없다고 생각할 수도 있다. 어떤 사
람들은 하나님이 우리를 용서하기 원하신다는 것을 이해하지
못할 수도 있지만, 대체로 교만 때문에 하나님의 완전한 용서를
받아들이려 하지 않는다. 우리는 자신에 대한 상환은 책임지고
싶어 하면서도 하나님의 용서만이 우리의 죄책감에 대한 유일한
치료법인 것은 인정하고 싶어 하지 않는다.

우리 중 몇몇은 그 첫 단계만 밟는다. 하나님께 잘못을 인정
하고 용서를 구하지만, 왠지 하나님이 용서하신다는 사실을 믿
지 못한다. 하나님이 우리에게 귀를 기울이신다고 믿지 않는다.
그러면서도 거듭 잘못했다고 말한다. 성경 이야기에 나오는 방
탕한 아들이 아버지에게 와서 이렇게 말하는 것을 상상해볼 수
있는가?

"오, 아버지, 제가 죄를 지었습니다. 제발 용서해주십시오."

대답을 기다리지도 않고 그는 같은 말을 되풀이한다.

"오, 아버지, 제가 죄를 지었습니다. 제발 용서해주십시오."

그는 아버지가 처음부터 그를 용서하였다는 것을 절대 받아들이지 않으면서, 매일 반복하여 울부짖는다.

자격 논쟁

삶의 대부분을 감옥에서 보낸 어떤 수감자가 편지를 보내온 적이 있었다. 그는 소년원에 다섯 번 갔다왔고, 교도소는 열한 번, 유치장은 수도 없이 드나들었다. 교도소를 벗어나면 아무리 애를 써도 말썽에 휘말리지 않을 수가 없었고, 자기가 나쁜 짓을 했기 때문에 하나님이 계속해서 감방에 집어넣는 벌을 주시는 거라 확신했다. 결국 그는 출소 후 교도소로 돌아오지 않을 유일한 방법이 하나님의 은총을 얻을 만큼 착해지는 것이라는 결론에 이르렀다. 그래서 그는 감방에서 하루 열 시간에서 열두 시간씩 성경을 읽었다.

그는 편지에 이렇게 적었다.

"하루에도 수천 번씩 나를 용서해달라고 하나님께 간구했고, 또 그만큼 사탄과 싸워 이기려고 애썼습니다. 저는 하나님이 진노하신 심판자라고 생각했고, 나 같은 죄인은 사랑하지 않으실 거라 확신했습니다.”

이런 그에게 누군가 《감사의 능력》을 주었지만, 그는 자기를 감옥에 처넣은 하나님에게 감사해야 한다고 말하는 작가를 '미친놈'이라고 생각했다. 그는 하나님의 용서를 받을 가치가 있는 사람이 되기 위해 계속 노력했지만, 결국엔 너무 지쳐서 그 싸움을 계속할 수 없게 되었다. 속수무책으로 흐느끼며 그는 자신의 실패를 인정했다.

“주님, 저를 용서해주셔야만 합니다. 저는 진이 다 빠졌습니다. 제가 이 모습 이대로이길 원하신다면, 하나님 저를 받아주시고 저를 통하여 원하는 일을 하십시오. 다만 더는 주님을 기쁘시게 할 수 없다고 해서 저를 책망하지 마십시오.”

베개가 눈물로 흠뻑 젖었지만, 그날 밤 그는 단잠을 잤다. 그의 편지는 계속 이어졌다.

“주님과 저는 이제 좋은 친구입니다. 예수님은 수감자가 바랄 수 있는 최고의 감방 동료이십니다. '주님을 찬송하라'는 말씀은 잠결에도 저에게 들려옵니다. 예수님은 더할 나위 없이 좋은 분이시고 저를 정말 사랑하십니다. 예수님이 우리를 위해 십자가에서 하신 일을 인정할 때 그분은 정말로 제게 생생하게 살아 있는 친구가 되어주셨습니다.”

자신의 죄를 스스로 해결하려 할 때, 우리는 예수님이 하신 일을 인정하지 않는 것이다. 우리는 우리 방식대로 하나님의 용서를 원한다. 우리의 죄책감은 우리가 지나치게 교만하고, 지나치게 고집이 센 탓에 우리를 기다리시는 하나님의 손에 내려놓지 못하고 짊어지고 있는 불필요한 짐이다. 하나님 아버지의 마음은 간절히 우리를 원하신다. 하나님은 말씀하신다.

"네가 무슨 일을 저질렀는지 안다. 네 모든 추악한 행동과 악한 생각도 다 안다. 너는 나와 다른 사람들에게 죄를 저질렀지만, 기꺼이 용서한다. 집으로 오거라. 그러면 네게 옷을 입히고, 음식을 주고, 온갖 축복을 주겠다. 너를 사랑하고, 네 상처와 망가진 마음을 내가 고쳐주겠다."

우리는 하나님의 용서를 대놓고 거부하지는 않는다. 잘못을 인정하고 하나님의 용서를 받아들인다고 말하기도 하지만, 마치 자신의 죄에 대한 대가를 자신이 치르는 것처럼 행동한다. 그런 범주에 포함된 많은 사람이 기독교 사역자가 된다. 이들은 목회자, 교회학교 교사, 평신도 지도자 등으로 하나님을 섬기는 데 헌신하지만, 사랑보다는 의무감으로 일하며 그리스도를 섬기는 기쁨을 거의 알지 못한다. 우리 모두가 한 번쯤은 그렇게 행동한다.

방탕한 아들이 집에 돌아와 아버지에게 이렇게 말한다고 상상해보자.

"아버지, 아버지께서 저를 용서해주신 건 알겠지만 저는 환영 잔치에 참석할 자격이 없습니다. 저를 빼고 잔치를 하셔야 할 것 같아요. 저는 아버지 집에서 살거나 아버지 식탁에서 밥을 먹을 자격이 없으니, 헛간에서 지낼게요. 제가 탕진한 유산을 보전하도록 새벽부터 밤까지 노예처럼 일할 것을 약속합니다. 저는 다시 행복해질 자격이 없어요. 아버지, 제가 저지른 끔찍한 일에 대한 대가를 치르는 제가 자랑스러우실 거예요."

당신 귀에는 저 말이 경건하고 헌신적으로 들리는가? 우리의 죄책감을 수습할 다른 방법을 이미 마련해두신 하나님께 이런 말이 어떻게 들릴 거라 생각하는가?

우리가 하나님께 빚졌다고 생각하고, 그것을 갚으며 순교자 행세를 하는 동안, 다른 이들 눈에는 우리가 선하게 보일지도 모른다. 그러나 하나님이 원하시는 것은 그것이 아니다. 이는 우리 빚을 탕감해주신 그리스도의 공로를 인정하지 않는 것이다. 그분이 우리의 구세주임을 거부하는 것이다. 우리에게 그런 동기를 부여하는 것은 겸손이 아닌 교만이다.

겸허히 용서를 받아들이라

다윗은 하나님께 이렇게 기도했다.

주께서는 제사를 기뻐하지 아니하시나니 그렇지 아니하면 내가 드렸을 것이라 주는 번제를 기뻐하지 아니하시나이다 하나님께서 구하시는 제사는 상한 심령이라 하나님이여 상하고 통회하는 마음을 주께서 멸시하지 아니하시리이다 시 51:16,17

교만하며 상하지 않은 마음은 자기 죄의 대가를 치르겠다고 고집한다. 그러나 예수님은 우리에게 이렇게 하라고 말씀하신다.

수고하고 무거운 짐 진 자들아 다 내게로 오라 내가 너희를 쉬게 하리라 마 11:28

이 세상에 자기 죄의 형벌을 짊어지는 것보다 더 무거운 짐은 없다. 우리가 우리 죄의 형벌을 짊어지려고 하는 한, 우리는 하나님의 용서를 결코 알 수 없으며, 정결한 마음이 주는 기쁨도 결코 알 수 없을 것이다. 하나님과 우리의 관계는 결코 친밀할 수 없을 것이고, 우리의 찬양은 공허한 말 이상이 될 수 없을 것이다.

우리가 하나님의 용서를 완전히 받아들이는 법을 배운다면 얼마나 커다란 짐을 덜 수 있겠는가. 하나님의 용서를 바라는 우리의 필요는 절망이 아니라 기쁨의 근원이 되어야 한다. 용서받은 마음만이 하나님의 사랑을 이해한다. 더 많이 용서받을수록 더 많이 하나님을 사랑하고 찬양할 수 있게 된다. 그러면 우리는 다윗과 함께 이렇게 노래할 수 있다.

> 허물의 사함을 받고 자신의 죄가 가려진 자는 복이 있도다 마음에 간사함이 없고 여호와께 정죄를 당하지 아니하는 자는 복이 있도다 … 너희 의인들아 여호와를 기뻐하며 즐거워할지어다 마음이 정직한 너희들아 다 즐거이 외칠지어다 시 32:1,2,11

03

삼자 간의 용서

스티브는 교통사고로 아버지를 잃었다. 목격자였던 경찰관은 상대 운전자에게 전적인 과실이 있다고 했지만, 정작 그에게는 긁힌 상처 하나 없었다. 분노와 슬픔이 스티브의 마음속 깊은 곳에 자리 잡았다.

일 년 후에 스티브는 그리스도인이 되었지만, 평안을 찾지 못했다. 아버지를 잃은 슬픔과 아버지를 죽인 그 남자에 대한 원망이 밤이고 낮이고 그의 마음을 떠나지 않았다. 그런 생각을 없애달라고 하나님께 기도했지만, 상황은 점점 악화할 뿐이었다.

누군가 그런 스티브에게 《감옥에서 찬송으로》를 건넸다. 그는 못 이기는 척, 아버지의 생명을 앗아간 그 사고에 대해 하나님께 감사하려 해보았다. 그러다가 자신의 슬픔과 증오가 상대방을 용서하고 싶지 않은 자신의 마음에 뿌리내리고 있음을 불현듯 깨닫게 되었다. 자신의 죄에 눈뜬 스티브는 자신의 증오를 용서해주시고 상대를 용서할 수 있게 도와달라고 간구했다. 그리고 그는 나에게 이런 편지를 보냈다.

"몇 달이 지나서, 저는 상대 운전자를 사랑할 수 있게 되었습니다. 하나님이 그 남자를 사랑하시니 저도 그래야겠지요. 얼마나 아름다운 평안을 찾았는지 모릅니다."

감사는 그의 마음속에 용서로 향하는 길을 열어주었지만, 그가 용서를 거부했다면 그의 감사는 기계적인 것에 머물러 아무런 열매를 맺지 못했을 것이다. 용서하지 않는 마음은 감사하는 마음이 될 수 없다.

용서는 우리와 하나님의 관계뿐만 아니라, 다른 사람들과의 관계에 대한 열쇠도 쥐고 있다. 실제로 하나님은 각 관계가 서로 의존하게 만들어놓으셨다.

용서하실 뿐 아니라 용서하라 하신다

용서는 삼자 사이에 처리해야 할 문제다. 예수님은 이렇게 말씀하셨다.

> 너희가 사람의 잘못을 용서하면 너희 하늘 아버지께서도 너희 잘못을 용서하시려니와 너희가 사람의 잘못을 용서하지 아니하면 너희 아버지께서도 너희 잘못을 용서하지 아니하시리라 마 6:14,15

우리가 우리 죄를 자백하면 하나님은 즉시 용서하신다. 그것이 하나님의 본성이다. 그러나 우리가 계속해서 다른 사람들을 용서하지 않으면 괴로움을 겪게 된다. 용서하지 않으면 평안과 기쁨과 건강을 잃게 된다. 하나님이 우리를 그렇게 만드셨다. 하나님이 우리 안에 그것을 심어두셨고, 우리는 그것을 통제할 수 없다.

한 젊은 여성이 결혼생활을 위협하는 문제를 가지고 나를 찾아왔다. 그녀는 남편에게 사랑으로 반응하는 것이 거의 불가능하다고 생각했다. 오히려 남편의 손길에 분노와 두려움을 느꼈다. 그녀는 남편을 사랑했기에 자신의 행동을 이해할 수 없었고, 아무리 노력해도 태도를 바꿀 수가 없었다.

그녀가 이야기하는 동안, 내 머릿속에서 끔찍할 정도로 불행한 그녀의 어린 시절이 그려지기 시작했다. 그녀의 아버지는 반복적으로 그녀를 학대하고 폭행했다. 침대 밑으로 숨으려고 하면 아버지는 그녀의 머리끄덩이를 잡고 끌어내어 더 때렸다. 두려움과 원망이 수년 동안 그녀의 마음속에 맺혀 결국에는 남편을 비롯한 모든 남자에게 거부감을 느끼게 되었다. 게다가 오랜 세월 증오와 죄책감을 억누르다보니 이제는 더 이상 그런 생각을 하지 않게 되었음에도, 그녀는 아버지를 증오하는 것에 죄책감을 느꼈다.

이야기를 나누며 그녀는 용서하지 못하는 자신을 하나님이 용서하신 것을 받아들였고, 하나님이 자신의 아버지도 용서하신 것을 깨달았다. 아버지를 용서하자 남편에 대한 두려움과 분노가 사라졌고, 남편의 사랑에 편안하게 반응할 수 있었다.

지금 우리 가족이 겪고 있는 문제의 뿌리는 종종 우리가 겪은 고통스러운 어린 시절의 경험에서 발견된다. 어쩌면 부모나 형제나 자매와 겪었던 불편한 경험이 여전히 우리를 괴롭히는지도 모른다. 과거의 상처는 우리 행동에 영향을 주고, 그 상처가 치유될 때까지 가장 사랑하기 원하는 사람들에게 끊임없이 상처를 준다.

한 남자는 자신의 의심과 질투로 아내가 도망칠 뻔했던 이야기를 들려주었다. 어린 시절에 그는 성적으로 문란했던 어머니에 대한 분노와 수치심으로 불타올랐고, 어머니를 절대로 용서할 수 없었다. 어머니를 용서할 수 없는 마음 때문에 그는 아내의 외도를 찾아내겠다는 각오로 아내의 일거수일투족을 감시하게 되었다. 그러나 어머니를 용서할 수 있게 되자 의처증도 사라졌다.

우리는 자신도 모르는 사이에 과거의 감정을 현재의 관계에 대입하기도 한다. 이로 인해 많은 사람이 어려움을 겪는 것은 당연한 일이다. 우리뿐 아니라 많은 사람들이 청산되지 않은 과거 일에 갇혀 있다. 우리 행동이 그들의 과거 상처를 건드리면 그들이 우리에게 예민하게 반응할 수도 있다. 우리는 하나님께 질문해야 한다.

"주님, 제 안에 저를 아프게 하거나 저를 불행하게 하거나 혹은 우리 가족을 아프게 하는, 용서하지 못하는 마음이 있습니까?"

우리 생각으로는 도저히 용서받지 못할 것 같은 상황이 있겠지만, 그것은 전혀 사실이 아니다. 과거의 기억을 억누르거나 과거의 상처를 은폐할 필요가 없다. 성경이 분명히 말하고 있기 때문이다.

그러므로 아들이 너희를 자유롭게 하면 너희가 참으로 자유로우리라

요 8:36

예수님은 우리가 잘못했거나 잘못했다고 생각하는 모든 일에 대하여 용서를 보장하실 뿐 아니라 다른 사람이 우리에게 잘못했거나 잘못했다고 생각하는 모든 일을 우리가 용서하게 하시려고 이 땅에 오셨다. 우리가 용서받고 용서하면, 우리나 다른 사람의 죄가 우리를 구속할 능력이 없다.

선으로 악을 이기라

우리는 흔히 다른 사람을 용서할 수 없는 여러 이유를 생각할

수 있다.

"내게 상처를 준 사람들은 용서받을 자격이 없는데 내가 어떻게 용서합니까?"

그들에게 용서받을 자격이 없다는 것은 사실일지도 모른다. 그러나 우리 또한 용서받을 자격이 없는데도 하나님은 우리를 용서하셨다. 바울은 이렇게 썼다.

> 아무에게도 악을 악으로 갚지 말고 모든 사람 앞에서 선한 일을 도모하라 … 악에게 지지 말고 선으로 악을 이기라 **롬** 12:17,21

고집스럽게 용서하지 않는 것은 악을 악으로 갚는 또 다른 방법에 지나지 않으며, 그런 태도는 악이 우리를 이기도록 만든다. 악을 정복하는 유일한 방법은 용서하는 것뿐이다. 하나님은 우리 안에 있는 악을 이러한 방법으로 이기셨다. 용서하라. 그러면 하나님이 우리를 용서하셔서 우리 안에 있는 악을 이기게 하신다. 우리가 우리에게 상처 주는 사람을 용서하고 사랑하면, 악은 우리를 지배할 힘을 잃게 된다.

예수님은 우리가 육체적인 고통을 절대로 당하지 않으리라고 약속하지 않으셨다. 만일 사람들이 우리를 때리거나 고문하면 육체는 상처를 입을 수도 있지만, 내면의 평안과 기쁨은 뒤흔들 수 없다. 장담하건대, 만약 당신이 진정한 용서와 사랑으로 악에 대응한다면 큰 기쁨을 경험할 것이다.

> 인자로 말미암아 사람들이 너희를 미워하며 멀리하고 욕하고 너희 이름을 악하다 하여 버릴 때에는 너희에게 복이 있도다 그날에 기뻐하고 뛰놀라 하늘에서 너희 상이 큼이라 그들의 조상들이 선지자들에게 이와 같이 하였느니라 눅 6:22,23

당신에게 상처 준 사람들을 용서할 때, 비로소 당신은 기뻐 뛸 수 있다. 예수님은 이렇게 말씀하셨다.

> 그러나 너희 듣는 자에게 내가 이르노니 너희 원수를 사랑하며 너희를 미워하는 자를 선대하며 너희를 저주하는 자를 위하여 축복하며 너희를 모욕하는 자를 위하여 기도하라 눅 6:27,28

원수를 사랑하려면 먼저 그들을 용서해야 한다. 그게 어렵다면, 이렇게 생각해보자. 하나님이 극악한 죄인도 용서하신다면, 우리의 죄책감이 클수록 하나님의 용서하심에 감사해야 할 이유가 더욱 많아지는 셈이다. 누군가가 나에게 상처를 주었다면 그 상처가 깊을수록 그는 더욱 용서받아야 하고, 내가 그리스도를 닮아가면 그를 용서할 기회는 더욱 커진다.

아마도 이런 식으로 그리스도인의 사랑을 실천할 기회를 원하는 사람은 없을 것이다. 하지만 생각해보라. 누군가에게 상처를 받지 않는다면 용서의 기쁨은 절대로 알 수 없다!

보상 청구 포기

때로 우리는 이렇게 말하면서 문제를 회피한다.

"흠, 저 사람이 나에게 용서를 구해야만 나도 용서할 거예요."

하지만 하나님은 우리가 하나님께 용서를 구하기도 전에 우리를 용서하셨다. 예수님은 십자가 위에서 이렇게 말씀하셨다.

> 이에 예수께서 이르시되 아버지 저들을 사하여 주옵소서 자기들이
> 하는 것을 알지 못함이니이다 하시더라 눅 23:34

예수님을 조롱하고 때리고 나서 십자가에 못 박았던 사람들은 그분께 용서를 구하지도 않았고, 자기들이 용서를 받을 수 있을지 신경조차 쓰지 않았다. 하나님의 아들이신 예수님에게는 달리 방법이 없었기에 그들을 용서하셨다. 하나님의 뜻을 행하고자 한다면, 우리에게도 달리 방법이 없다. 하나님은 우리의 모든 삶 가운데에서 우리에게 상처 준 모든 사람을 용서하길 원하

신다. 그들이 자기가 한 일을 알건 그렇지 않건 간에, 혹은 우리의 용서를 바라건 그렇지 않건 간에 말이다.

이는 우리가 용서하도록 도와줄 뿐만 아니라, 우리가 용서하는 사람들에게도 도움을 줄 수 있게 하나님이 예비하신 것이다. 우리가 그들을 용서했다는 것을 그들이 알지 못한다고 하더라도 말이다. 우리가 하나님께 "그들이 저에게 한 일을 용서해주십시오"라고 간구하면 하나님은 정확히 그렇게 하신다. 또한 그들의 삶에 우리의 용서를 사용하심으로 죄책감의 속박에서 그들을 자유롭게 하실 뿐 아니라 하나님께 더 가까이 다가갈 수 있게 하신다.

바울은 스데반이 돌에 맞아 죽어가는 모습을 군중 속에서 지켜보고 있었다.

> 그들이 돌로 스데반을 치니 스데반이 부르짖어 이르되 주 예수여 내 영혼을 받으시옵소서 하고 무릎을 꿇고 크게 불러 이르되 주여 이 죄를 그들에게 돌리지 마옵소서 이 말을 하고 자니라 사울은 그가 죽임 당함을 마땅히 여기더라 그날에 예루살렘에 있는 교회에 큰 박해가 있어 사도 외에는 다 유대와 사마리아 모든 땅으로 흩어지니라 행 7:59,60; 8:1

나는 그날 하나님이 바울의 마음속에서 역사하고 계셨다고 확신한다. 그리고 그들의 용서를 구하는 스데반의 말이 그 역사를 촉진했다고 본다. 다른 사람을 용서해야 한다는 의무는 우리에게 분명하게 제시되어 있다. 우리가 용서하지 않으면, 우리 자신은 물론 우리가 용서하지 않으려는 사람들을 속박함으로써 하나님의 사랑을 막게 된다.

교도소에 수감 중인 빌은 내게 편지를 보내 그가 경험한 하나님의 용서하심에 대해 이야기해주었다. 수감 직후 식당에서, 그는 가장 혐오하는 적과 맞닥뜨렸다. 두 남자는 그동안 수차례 서로 죽이려 시도했고, 교정 당국은 두 사람을 십 년 동안 분리 조치했다. 그들의 수감 기록에는 두 사람을 절대 서로의 손이 닿는 범위 내에 두지 말라는 경고가 찍혀 있었다. 그런데 사소한 실수로 인해 두 사람이 아침 식탁을 앞에 두고 서로 마주 보게 된 것이다. 빌의 첫 반응은 두려움이었지만, 그다음에는 이런 생각이 들었다.

'이 일로 나를 찬양하여라.'

그는 거의 반사적으로 이렇게 대답했다.

"주님, 오늘 아침에 론을 마주하게 하시니 감사합니다."

둘이 이야기를 나누는 동안 론은 차분했다. 빌은 예수 그리스도께서 자신의 삶에 가져온 변화에 관해 이야기했고, 두 사람은 친구가 되어 헤어졌다. 한밤중에 빌은 그의 머릿속을 울리는 목소리에 잠에서 깼다.

'론을 용서해라!'

"주님, 론을 용서해주십시오!"

이렇게 말하고 다시 잠자리에 든 빌은 평안과 놀라운 기쁨을 느꼈다. 다음 날 아침 빌은 론에게서 자기도 예수님을 만나고 싶다는 말을 들었다.

용서는 다른 사람을 향한 증오와 악감정이라는 감옥의 문을 열어준다. 우리 모두가 우리에게 상처를 준 모든 사람을 용서할 수 있다면 어떤 일이 벌어질지 상상할 수 있겠는가?

대부분은 용서에 조건을 붙인다.

"좋아, 용서할게. 네가 달라진다면 말이야!"

그것은 진정한 용서가 아니다. 용서란 잘못한 사람에게 어떤 보상이나 비용도 청구하는 것을 포기한다는 뜻이다. 그 사람이 우리에게 사과할 것이 없으며, 우리에겐 그가 달라지기를 기대할 아무 권리가 없다는 뜻이다. 용서는 그 사람이 우리에게 상처가 되는 행동을 몇 번이고 되풀이하더라도 그를 있는 모습 그대로 받아들인다는 뜻이다.

베드로가 예수께 물었다.

그때에 베드로가 나아와 이르되 주여 형제가 내게 죄를 범하면 몇 번이나 용서하여 주리이까 일곱 번까지 하오리이까 예수께서 이르시되 네게 이르노니 일곱 번뿐 아니라 일곱 번을 일흔 번까지라도 할지니라 마 18:21,22

이 말씀을 듣고 계산을 해본 다음, "좋아, 490번 용서하고 난 뒤에는 그 사람을 더 이상 용서하지 않아도 돼"라고 말한다면, 말씀의 진정한 뜻을 깨닫지 못한 것이다.

지금 모습 그대로를 용서하라

한 여성이 놀라운 용서 이야기를 들려주기 위해 편지를 보내 왔다. 수술받기 전날 《감옥에서 찬송으로》를 읽은 그녀는 회복 하는 동안 겪을 고통에 대해 하나님께 감사하기로 마음먹었다. 그런데 수술 후 그녀는 물론이고 담당 의사와 간호사들이 놀랄 정도로 아무런 통증이 없었고, 심지어 불편함을 달래줄 아스피 린도 필요 없었다. 하나님을 찬양하는 것이 효과가 있음을 확신 하게 된 그녀는 그날 이후 자기 삶에 무슨 일이 일어나든 하나님 께 감사하기로 결심했다.

그러나 곧 커다란 시련이 들이닥쳤다. 남편이 당분간 별거하 자고 선언한 것이다. 남편은 이혼을 생각하고 있으며, 우선 자신이 아이들과 떨어져 살 수 있을지 알아보고 싶다고 말했다. 그녀는 편지에 이렇게 적었다.

"그때 깨달았습니다. 하나님이 먼저 제게 찬양의 능력을 보여 주셔서, 지금 그분을 찬양할 힘을 주셨다는 사실을요."

한 달 후에 남편은 집으로 돌아왔다. 그는 아이들과 떨어져 사는 것을 견디지 못했다. 하지만 남편은 지난 3년 동안 다른 여자를 사랑했고 정말 간절하게 그 여자와 결혼하기 원한다는 고백도 했다.

그녀는 이렇게 썼다.

"힘들어하는 남편을 바라보기가 괴로웠습니다. 남편은 사랑하는 여자가 곁에 없어 불행했지만, 차마 아이들을 두고 떠날 수도 없었습니다. 남편은 어떤 길로 가야 할지 몰라 고뇌에 빠졌습니다."

그녀는 이 모든 상황에 대해 여전히 하나님을 찬양할 마음을 먹고 있었다.

"저는 산산이 부서진 결혼 서약과 남편 인생에서 가장 소중한 그 여자, 그리고 남편이 나를 사랑하지 않고 이혼을 원한다는 사실에 대해 하나님을 찬양하기 시작했습니다."

그녀는 일 년 동안 그렇게 했다. 그동안 남편은 계속 집에 머물렀는데, 어느 날 두 사람은 서로를 향해 그 어느 때보다도 새롭고 깊은 사랑을 발견했다. 그녀는 이렇게 썼다.

"우리 부부의 사랑이 계속 자라난다는 사실이 여전히 놀랍지만, 하나님과 함께라면 어떠한 일도 가능하다는 것을 보았습니다. 하나님은 정말로 저의 슬픔을 기쁨으로 바꾸어주셨습니다. 우리 부부의 상황처럼 끔찍한 불행마저도 선하고 아름답게 만드셨습니다. 주님을 찬양합니다!"

이 여성의 이야기에 담긴 성공 비결은 단순히 모든 것에 대해 하나님을 찬양하기로 한 그녀의 결심이 아니다. 그녀가 기꺼이 남편을 용서하고 있는 그대로 받아들였기 때문에 그녀의 찬양을 통해 그 능력이 드러난 것이다.

그것이 얼마나 힘든 일이었을지 상상할 수 있는가? 남편은 아내에게 용서를 구하거나 달라지겠다는 약속도 하지 않았다. 그녀는 매일 남편이 노골적으로 다른 여자를 생각하고 그리워한다는 것을 알았지만, 자신에 대한 연민보다 괴로워하는 남편에게 동정심을 느꼈다.

나는 비슷한 이야기를 들려주는 다른 여성들의 편지도 받아본 적이 있지만, 행복한 결말은 아니었다. 그 편지들에는 용서할 줄 모르는 마음이 씁쓸하고 불평 어린 말투로 드러나 있었다.

"제가 처한 상황에 대해 하나님을 찬양했지만, 남편의 비열함은 변함없이 견딜 수가 없습니다."

먼저 손을 내밀라

용서할 줄 모르는 사람들의 공통된 특징은 자기 잘못을 인정하길 꺼리거나 인정할 줄 모른다는 것이다. 우리 교회에 다니는 어떤 부인이 나에게 말하길, 결혼 생활이 수년 동안 롤러코스터처럼 기복이 심했다고 한다. 그 부부는 한 번 이혼하고 수십 번 별거했다. 부인은 그리스도인이 되었고, 하나님이 자기 남편을 변화시키실 수 있도록 남편에 대하여 하나님을 찬양하는 방법을 배우고자 우리 교회에 찾아왔다. 그녀는 남편의 이기심과 많은 것을 요구하는 태도가 부부 사이의 모든 문제를 만들어냈다고 생각하고 있었다.

하지만 그녀의 감사는 눈에 띄는 결과를 가져다주지 못했다. 사흘간 별거하며 다시금 이혼을 고려하던 그녀는 마지막으로 한 번만 더 노력해보겠다고 자신과 하나님께 약속했다.

"저는 나 자신과 하나님께 완전히 솔직하고 어떤 식으로든 속이지 않겠다고 결심했습니다."

부인과 남편은 다음 날 아침 교회에 왔고, 설교 시간에 그녀는 하나님의 용서가 필요하다는 느낌에 압도당했다. 그녀는 제단 앞에 무릎을 꿇은 채 울고 또 울었다. 자리로 돌아온 그녀는 남편에게도 자신을 용서해달라고 말했다.

"갑자기 제 마음에 남편에 대한 감사가 넘쳐흘렀습니다. 그리고 이상한 건, 제가 언제나 남편에게 잘못이 있다고 생각했다는 거예요. 저는 남편이 어떤 일에든 용서를 구하거나 미안하다는 걸 인정하지 않아서 화가 났습니다. 하지만 모든 걸 엉망으로 만든 사람이 저라는 걸 이제야 깨닫습니다. 저야말로 이기적이고 요구 사항이 많은, 용서가 필요한 사람이었습니다."

이제 사랑과 평안이 가득한 그녀의 마음에서는 찬양이 저절로 흘러나온다. 지난날의 초조함은 완전히 사라져버렸다.

예수님은 주인에게 천만 달러 상당의 빚을 진 종의 비유를 말씀하셨다. 돈을 갚을 수 없었던 종은 자비를 호소했다. 이에 주인은 종의 빚을 모두 탕감해주었다. 그런데 그 종은 풀려나자마자 자기에게 2천 달러 빚진 사람을 찾아가 먹살을 잡고 당장 빚을 갚으라고 요구했다. 그 남자는 돈이 없었기에 조금만 시간을 달라고 무릎을 꿇고 빌었지만, 주인의 종은 이를 거절하고 빚을 다 갚을 때까지 그를 옥에 가두라고 했다. 이 소식을 들은 주인은 종을 불러 이렇게 말했다.

이에 주인이 그를 불러다가 말하되 악한 종아 네가 빌기에 내가 네 빚을 전부 탕감하여 주었거늘 내가 너를 불쌍히 여김과 같이 너도 네 동료를 불쌍히 여김이 마땅하지 아니하냐 하고 주인이 노하여 그 빚을 다 갚도록 그를 옥졸들에게 넘기니라 마 18:32-34

용서하지 않는 마음은 치명적인 독이다. 날마다 가족들을 갈라놓는다. 아주 사소한 일들로 분노가 커지고, 분노에 집착하다 보면 그 분노가 용서하지 않으려는 위험한 태도 뒤에 숨어 있음을 깨닫지 못한다.

저녁에 외출하는 자신에게 자동차를 빌려주지 않으려는 아버지에게 화가 난 십대 아들이 있다.

"왜 아빠를 용서해야 하죠? 아빠가 날 믿어주지 않잖아요!"

십대 아들이여, 하나님이 원하기만 하신다면 네 아빠의 마음을 바꾸어주실 수도 있었다는 걸 믿을 수 있는가? 만약 아빠가 허락하지 않는다면, 그것은 분명 지금은 하나님이 네가 그 차를 가지고 나가는 것을 원하시지 않기 때문이다. 아빠에 대해 하나님께 감사할 수 있겠는가? 아버지를 용서할 수 있는가? 네가 그럴 수 있다면, 장담하건대, 집안 분위기가 100퍼센트 나아질 것이다. 아빠가 너에게 차를 빌려주실 수도 있지만, 중요한 건 그게 아니다. 가장 눈에 띄는 변화는, 네가 아빠는 형편없고 불공평하다고 생각할 때마다 마음속에서 커지는 추악한 감정을 없앨 수 있다는 것이다.

때로 우리는 용서해달라는 부탁을 받았을 때 용서를 거절하기를 즐기는 것 같다. 혹 이런 장면이 익숙하지 않은가?

사흘 연속 즉석 식품으로 저녁 식사를 하고 싶지 않았던 한 남편이 불평한다. 하루를 제대로 계획하지 못한 아내는 죄책감을 느낀다. 남편은 험한 말을 하고는 식사도 하지 않은 채 문을 쾅 닫고 나가버리더니 이내 다시 돌아와 이렇게 말한다.

"여보, 당신 기분을 상하게 해서 미안하오. 날 용서해주시오."

부부 사이의 벌어진 틈을 메울 수 있는 기회지만, 아내는 사랑스러운 미소 뒤에 감정을 숨기고 이렇게 웅얼거린다.

"당신이 상처 준 게 없으니 용서할 것도 없어요."

그녀의 말 뒤에는 분노와 용서하지 않는 마음이 숨어 있다.

'당신 때문에 수치스러웠어. 이제 당분간 당신을 괴롭히겠어!'

누군가 우리의 아픈 곳을 찔렀을 때, 조금씩 다르긴 하겠지만 이런 장면을 몇 번이나 반복하지는 않는가? 우리는 이렇게 말할지도 모른다.

"물론 용서하지. 별 거 아니었어."

하지만 우리 행동은 그가 한 끔찍한 일을 잊지 않았으며, 그 역시 잊지 못하게 하겠다는 것을 너무나 분명하게 보여준다. 누군가 당신에게 용서를 구한다면, 그가 당신에게 상처를 주었다고 생각하지 않더라도 용서하라. 당신의 용서는 그에게 엄청나게 큰 의미가 있으며, 하나님과 그의 관계에서도 중요하다. 우리가 가족을 끊임없이 용서하는 것부터 시작할 수 있다면 얼마나 큰 변화를 만들 수 있겠는가! 투덜대거나 짜증 내거나 서로 화를 내는 대신 이렇게 말할 수 있다.

"주님, 조금 전 아빠가 저와 한 약속을 백만 번째로 어긴 것에 대해 감사합니다. 주님, 제가 아빠를 용서하니 아빠를 제발 용서해주세요."

"주님, 이번이 몇 번째인지 모르겠지만 우리 아들이 오늘 아침 침대 정리하는 걸 또 잊어버린 것에 대해 감사합니다. 아들을 용서합니다."

이렇게 반응하는 것으로 시작해보라. 그러면 집에 찾아온 손님들이 온 집 안과 저녁 식탁의 분위기를 보고 당신의 비결을 알고 싶어 할 것이다. 그때 당신은 그들에게 예수님을 소개할 수 있다. 우리가 함께 일하기 껄끄러운 사람들을 용서하고, 그들의 있는 모습 그대로 하나님께 감사하기 시작하면 얼마나 큰 변화가 일어나겠는가.

나 자신을 위한 용서

로이 와이먼(Roy Wyman)은 그리스도인이 되고 나서, 범사에 하나님을 찬양하라는 내 책을 읽었다. 그의 회사는 재정적인 어려움을 겪고 있었고 동업자들 사이에는 반감이 있었다. 이사회에서 수많은 거친 말이 오간 끝에 드디어 로이가 발언할 순서가 되었다. 그는 언제나 성마르고 화를 쏟아내는 사람이었다. 회의 시간 내내 그는 자그마한 목소리로 하나님께 이렇게 기도했다.

"주님, 여기 있는 모든 사람과 그들이 하는 말에 대해 감사합니다. 주님, 분노하는 저를 용서해주시고 이곳에서 일어나는 모든 일에 대해 주님을 찬양합니다."

발언하려고 입을 뗀 그는 자기가 하는 말에 깜짝 놀랐다.

"제가 동료 여러분께 드릴 말씀은 제가 여러분을 사랑한다는 것뿐입니다!"

가장 까다롭던 동업자가 매각을 결정하자 회사는 재편성되었다. 오래지 않아 수익이 증가하기 시작했고, 그리스도를 구세주로 알게 된 사람들이 한 명씩 늘어나는 놀라운 변화가 직원들 사이에서 일어났다. 화를 내며 회사를 떠났던 전 동업자는 몇 달 후, 시내에서 열린 기독교 집회에서 그리스도를 마음에 영접했다. 로이는 이렇게 말했다.

"나는 동업자를 잃었지만, 곧 그리스도 안에서 형제를 얻었습니다. 하나님을 찬양합니다."

때로는 그리스도인조차도 교회에서 서로 어울리는 데 어려움을 겪는다! 하지만 예수님은 이렇게 말씀하셨다.

> 너희가 서로 사랑하면 이로써 모든 사람이 너희가 내 제자인 줄 알리라 요 13:35

교회가 냉랭하고 그리스도인들이 서로 까칠하고 비판적인 것처럼 보일 때는 용서하지 않는 마음이 모든 기쁨과 사랑을 억누르고 있는 것일 수도 있다. 그런 교회에 다니고 있다면, 당신을 그곳에 보내신 하나님께 감사하고 당신의 태도를 자세히 들여다보기 시작하라.

바울은 이렇게 말했다.

> 누가 누구에게 불만이 있거든 서로 용납하여 피차 용서하되 주께서 너희를 용서하신 것같이 너희도 그리하고 이 모든 것 위에 사랑을 더하라 이는 온전하게 매는 띠니라 골 3:13,14

모든 그리스도인이 서로 사랑하고 용서하는 책임과 특권에 합당한 삶을 살았다면, 오늘날 교파는 훨씬 줄어들었을 것이다! 용서와 사랑, 우리 마음이 평안으로 충만해지는 것, 언제나 감사하는 것은 우리의 놀라운 특권이다. 당신의 영성 생활이 제자리걸음을 한다고 느낀다면, 하나님께 질문을 드리라.

"제가 용서하지 않은 것이 무엇입니까?"

이따금 당신은 하나님이 당신에게 잘못하셨다거나, 당신을 돕지 않으셨다거나, 당신의 기도를 듣지 않으셨다고 생각하는가? 그렇다면 그 문제를 하나님과 함께 해결해야 한다. 하나님께 이렇게 말씀드리라.

"하나님, 왜 이런 사람들이 저에게 상처를 주고 이런 문제들이 쌓이도록 내버려두시는지 저는 이해할 수가 없습니다. 하나님이 저를 염려하지도 않으시고 제 삶에 좋은 것들을 주시지 않는다고 생각했습니다. 그렇게 생각했던 저를 용서해주십시오. 하나님이 저를 사랑하시며 제 유익을 위해 제 삶의 모든 문제를 해결하고 계심을 믿기 원합니다."

내 친구 진 닐이 로이 로치라는 사람의 이야기를 들려주었다. 그는 자신이 하지도 않은 일로 체포되어 진과 함께 플로리다주 포트 월턴 비치에 있는 에글린 공군기지 연방 교도소에 수감되었다. 다른 남자의 위증 때문에 로이는 유죄 판결을 받았다.

어느 날 로이는 그 남자가 다른 범죄 혐의로 체포되어 같은 교도소로 오게 되었다는 소식을 들었다. 증오와 원망이 치밀어 오른 로이는 위증한 그 남자를 살해할 계획을 세우기 시작했다. 하지만 로이가 털어놓는 속내를 들은 진은 살해 계획을 포기하고 대신 모든 상황에 대해 하나님께 감사하라고 제안했다. 살해 계획을 계속 진행하던 로이에게 진의 제안은 말도 안 되는 소리였다.

그러던 어느 날, 로이는 아내와 딸이 모두 말기 암 진단을 받았다는 소식을 들었다. 그는 고통 가운데 아내와 딸을 도와달라고 하나님께 간구했고, 진에게도 함께 기도해달라고 부탁했다. 진은 로이가 모든 일에 대해 하나님께 감사해야 한다는 제안을 되풀이했다. 절망은 로이를 자포자기 상태로 만들었다. 그는 무릎을 꿇고 위증했던 그 남자에 대한 증오를 내려놓고 용서를 구했다. 그러자 감옥에 있는 자신의 형편과 아내와 딸의 병에 대해 하나님을 찬양할 수 있었다. 그는 하나님의 영광과 가족의 유익을 위해 하나님이 이 모든 재앙을 사용하고 계신다는 것을 믿게 되었다.

2주 후에 정말로 놀라운 일이 벌어졌다. 로이의 아내와 딸이 모든 암 증상이 사라졌다는 소식을 가지고 찾아왔다. 엑스레이에서는 암의 흔적조차 보이지 않았다. 로이의 용서가 하나님의 치유 능력을 드러냈던 것이다.

부당한 대우를 받고 있는가? 무고하게 고통받고 있는가? 하나님이 선한 목적으로 그것을 의도하셨음을 믿을 수 있는가? 요셉은 자기 형제들에 의해 애굽에 노예로 팔려 갔다. 나중에는 자기가 하지도 않은 일로 2년을 감옥에서 보냈다.

그가 다시 자유를 찾고 애굽에서 바로 다음가는 고위직에 오르고 난 후, 형제들이 그에게 곡식을 사러 왔다. 요셉을 알아본 형제들은 그가 복수를 할 것이라 확신하고 두려움에 떨었다. 하지만 요셉은 이렇게 말했다.

> 당신들은 나를 해하려 하였으나 하나님은 그것을 선으로 바꾸사
> 오늘과 같이 많은 백성의 생명을 구원하게 하시려 하셨나니 **창 50:20**

당신에게 상처를 주는 사람들이 악한 의도를 가지고 있다고 해서 달라지는 것은 없다. 하나님이 선한 목적으로 계획하신 것이 아니라면, 하나님은 당신이 그 어떤 피해도 보게 하지 않으신다. 그 사실을 믿는다면, 당신은 그로 인해 하나님을 찬양할 수 있겠는가? 그들을 진심으로 용서하여 그들이 저지른 악행을 정말로 기뻐할 수 있겠는가? 너무너무 기쁘고, 행복할 정도로 기쁠 수 있겠는가?

당신 스스로 그 정도로 기쁘고 그 정도로 너그러워진다면 하나님은 당신을 축복하실 것이다. 하나님은 성령의 기쁨이 당신 안에서 움직이게 하시며 오랜 세월 상처로 남았던 것들, 암처럼 퍼져 당신의 기쁨과 건강을 빼앗아갔던 용서받을 수 없는 사소하고 못난 응어리들을 없애주실 것이다.

우리를 만드신 하나님은 우리를 너무나 잘 아신다. 우리 마음속에 용서하지 않는 마음이 조금이라도 자라나면 육체적, 정서적, 영적으로 엄청난 피해를 준다는 것을 하나님은 알고 계신다. 우리가 그렇게 고통받을 때, 하나님은 우리를 위하여 이렇게 단호하게 말씀하신다.

"네 고통은 네가 용서하지 못하기 때문이다. 네가 다른 사람을 용서하지 않으면, 나도 너를 용서할 수 없다. 그러나 네가 다른 사람을 용서하면 나는 너를 용서하고 치유하고 완전히 자유롭게 할 것이다!"

04

죽은 자를
일으키시는 능력

찬양의 역사를 보여주는 놀라운 사례는 예수님이 나사로를 죽음에서 일으키신 사건이다. 예수님은 나사로가 아프다는 소식을 들으셨지만 곧바로 그를 찾아가지 않으셨다. 예수님은 나사로가 죽을 때까지 기다리셨다가 제자들에게 이렇게 말씀하셨다.

그 후에 제자들에게 이르시되 유대로 다시 가자 하시니 요 11:7

제자들은 가고 싶지 않았다. 그들이 마지막으로 유대에 갔을 때 그곳 사람들이 예수님을 죽이려고 했기 때문이다. 그들이 왜 목숨까지 내걸고 장례식에 가야 한단 말인가!

그러자 예수님은 제자들에게 분명 이상하게 들렸을 말씀을 하셨다.

이에 예수께서 밝히 이르시되 나사로가 죽었느니라 내가 거기 있지
아니한 것을 너희를 위하여 기뻐하노니 이는 너희로 믿게 하려 함이
라 그러나 그에게로 가자 하시니 요 11:14,15

예수님은 나사로가 죽은 것을 기뻐하셨다. 다른 모든 사람은
비극이라고 생각했지만, 예수님은 다른 관점으로 사물을 보셨
기에 기뻐하셨다.

모두가 끝이라 여길 때에도

예수님과 제자들이 나사로가 살던 베다니에 도착했을 때는
나사로의 가족과 친구들, 다수의 저명한 유대 지도자들이 모여
죽은 나사로를 애도하고 있었다. 울부짖는 소리들은 들렸지만,
찬양과 감사의 소리는 없었다. 어떤 사람들은 예수님을 보고는
화를 내며 이렇게 말했다.

그중 어떤 이는 말하되 맹인의 눈을 뜨게 한 이 사람이 그 사람은 죽
지 않게 할 수 없었더냐 하더라 요 11:37

예수님은 그들의 반응에 실망하며 말씀하셨다.
"그를 어디 두었느냐?"

사람들이 그분께 보여드리자 예수님이 말씀하셨다.

"돌을 옮겨놓으라!"

아마 여기까지는 당신이나 나도 예수님이 하신 일을 할 수 있을 것이다. 우리는 장례식에 참석해 가족을 위로할 수 있었을 것이다. 그리고 "하나님을 사랑하는 자 곧 그의 뜻대로 부르심을 입은 자들에게는 모든 것이 합력하여 선을 이루느니라"(롬 8:28)라는 성경 말씀을 믿는다면, 그 가족에게 이 모든 일이 전화위복이 될 것이라고 말할 수도 있었을 것이다. 죽은 나사로의 가족이 이의를 제기하더라도, 아마 당신이나 나나 거기까지는 할 수 있었을 것이다.

"당신은 스스로 그리스도인이라 고백하고 당신의 하나님은 무슨 일이든 할 수 있다고 말하죠. 그러면 지금 하나님께 뭐라도 해달라고 기도해보지 그래요!"

예수님은 어떻게 하셨는가? 하나님께 도움을 구하셨는가? "아버지, 여기 문제가 좀 생겨서 도움이 필요합니다. 제발 제 말을 들어주십시오"라고 간청하셨는가? 아니다. 예수님은 그저 그곳에 서서 이렇게 말씀하셨다.

아버지여 내 말을 들으신 것을 감사하나이다 항상 내 말을 들으시는 줄을 내가 알았나이다 요 11:41,42

예수님은 하나님께 뭔가 해달라고 요구하지 않으셨다. 모든 일이 이미 이루어졌음을 하나님께 감사하셨다. 예수님은 이렇게 말씀하고 계셨다.

"그 문제가 더 이상 문제가 아님을 감사합니다."

무덤가에는 꽤 많은 군중이 애도하며 울고 있었다. 제자들은 붙잡혀 죽임을 당할까 염려하며 어깨 너머로 바라보고 있었다. 그곳에서 아무 문제가 없는 사람은 예수님뿐이었다. 예수님은 하나님께 간구할 것이 하나도 없었다. 예수님은 이렇게만 말씀하셨다.

"아버지, 항상 내 말을 들어주셔서 감사합니다."

그러고는 무덤을 똑바로 보시면서 명령하셨다.

"나사로야, 나오라!"

우리는 왜 이렇게 하지 못하는가? 나중에 예수님은 제자들에게 이렇게 말씀하셨다.

내가 진실로 진실로 너희에게 이르노니 나를 믿는 자는 내가 하는 일을 그도 할 것이요 또한 그보다 큰 일도 하리니 이는 내가 아버지께로 감이라 너희가 내 이름으로 무엇을 구하든지 내가 행하리니 이는 아버지로 하여금 아들로 말미암아 영광을 받으시게 하려 함이라
요 14:12,13

이 구절은 우리를 조금 불편하게 만드는 성경 구절 가운데 하나다. 나는 아직 한 번도 누군가를 죽음에서 일으켜 본 적이 없고, 당신도 아마 마찬가지일 것이다. 우리는 우리에게 닥친 사소한 문제조차 해결하지 못하는데, 예수님은 우리가 할 수 있다고 말씀하시며 그 방법을 보여주신다. 예수님은 그저 이렇게 말씀하셨다.

"아버지, 항상 내 말을 들어주셔서 감사합니다."

이 말씀을 통해 나는 찬양과 감사가 하나님에 대한 나의 확신과 믿음의 궁극적인 표현이며, 범사에 하나님께 감사하는 법을 배우는 과정 어딘가에서 더 크신 하나님의 능력이 우리 삶 가운데 실현될 것을 확신했다. 예수님은 그 비결이 말에 있지 않다고 말씀하셨다.

나는 뚜껑이 열린 관 앞에 서서 목소리의 높낮이를 바꾸어가며 몇 번이고 이렇게 말할 수 있을 것이다.

"아버지, 제 말을 들어주셔서 감사합니다."

하지만 그렇게 한들 시신이 일어나지는 않을 것이다. 예수님이 어떻게 말씀하셨는지가 나사로를 일으킨 것이 아니다. 예수님의 마음에 있던 무언가가 하나님의 마음으로 곧장 흘러 들어갔기 때문이다. 만약 그 무언가가 우리 마음을 통해 흘러간다면, 열린 창문으로 들어온 햇살이 온기와 빛으로 방 안을 채우

듯, 하나님의 사랑이 분명 우리를 둘러싼 상황과 삶 속으로 들어올 것이다.

시작이 반이다

예수님처럼 하나님을 찬양하는 방법을 배우려면 어떻게 해야 하는가? 시작하는 방법은 여러 가지가 있을 것이다. 일단 어딘가에서부터 시작은 해야 한다.

내 경우에는 오래되어 움직이지 않는 자동차처럼 사소한 것들에 대해 하나님께 감사하는 것에서부터 시작했다. 처음에는 조금 우스꽝스럽게 보일 수도 있을 것이다. 하지만 성경은 "범사에 우리 주 예수 그리스도의 이름으로 항상 아버지 하나님께 감사하며"(엡 5:20)라고 말씀하신다. 거기에는 오래된 자동차, 타버린 토스트, 망가진 도구 등 모든 것이 포함된다.

처음에는 절반만큼도 진심이 아니었지만, 감사는 하나님이 내게 원하시는 일에 외적으로 순종하는 행위였다. 그것을 시작으로 수많은 결과를 보게 되기까지는 꽤 오랜 시간이 걸렸다. 변화는 조금씩 일어났다. "감사합니다"라고 말할 때 점점 더 진심을 담기 시작했고, 예전에는 언제나 나를 화나게 하거나 불쾌하게 만들었던 일들에 대해 내가 정말로 기뻐한다는 것을 서서히 깨닫기 시작했다. 게다가 나에게 일어나는 모든 일은 하나님이 분명 책임지시며, 하나님이 나를 사랑하신다는 것을 보여주기 위해 이런 상황들을 일어나게 하셨다는 것을 믿는 것은 그리 어려운 일이 아님을 더욱 확신하게 되었다.

내 경험을 사람들과 나누고, 어려운 상황에 처한 그들에 대해 하나님께 감사하기 시작하자 그 증거가 계속 쌓여갔다.

믿음의 한 가지 표현 방법인 찬양은 하나님께 간구하는 것보다 더욱 놀라운 결과를 가져왔다. 나는 찬양이란 어쩌다 가끔 해야 하는 것이 아님을 알게 되었다. 성경은 찬양이 하나님을 높여드리는 것이며, 그분을 향한 경배와 사랑의 진정한 표현이라고 몇 번이고 되풀이하여 말한다.

그러나 그만큼 이해하게 될 때까지 나는 몇 가지 문제에 맞닥뜨려야 했다. 하나님을 찬양해도 아무 소용없을 때가 많았다. 감사하기 전보다 상황은 더욱 암울해 보였다. 우울감이 밀려왔다. 내가 할 수 있었던 찬양의 말은 공허하고 아무 의미도 없어 보였다.

무엇이 잘못되었을까? 나는 새로운 방법을 시도했다. 포기하고 싶을 때도 의지로 버티며 계속 감사했다. 하지만 여전히 진전은 없었다. 그래서 결국에는 나에게 기쁨과 믿음이 부족한 것에 대해 하나님께 감사하면서 무엇이 잘못되었는지 알려달라고 간구했다.

그러자 하나님은 제아무리 강력한 의지로 찬양을 반복하더라도 내가 해결책에 더 가까이 다가갈 수 없는 지점에 이르렀음을 보여주셨다. 내가 하는 말이나 행동, 혹은 말하고 행동하는 방법의 문제도 아니었다. 문제는 나 자신이었다.

바로 그 하나를 포기하라

예수님이 "아버지여, 내 말을 들으신 것을 감사하나이다"라고 단순하게 말씀하셨을 때, 즉시 예수님을 통하여 하나님의 능력이 나타났다. 예수님과 하나님 사이에 아무것도 없었기 때문이다. 예수님 마음에는 아버지와의 관계를 방해하는 것이 아무것도 없었다. 예수님과 하나님은 하나셨다.

우리는 예수님이 그분을 믿고자 하는 모든 사람을 위하여 기도하신 것을 알고 있다.

내게 주신 영광을 내가 그들에게 주었사오니 이는 우리가 하나가 된 것같이 그들도 하나가 되게 하려 함이니이다 곧 내가 그들 안에 있고 아버지께서 내 안에 계시어 그들로 온전함을 이루어 하나가 되게 하려 함은 아버지께서 나를 보내신 것과 또 나를 사랑하심 같이 그들도 사랑하신 것을 세상으로 알게 하려 함이로소이다 요 17:22,23

외적인 순종의 행위로 하나님을 찬양하는 것은 훌륭한 일이지만, 그것은 시작에 불과하다. 오래지 않아 우리는 우리의 찬양이 무너져내리는 것 같은 지점에 다다르게 된다. 그것은 대개 우리에게 더 많은 것이 요구된다는 의미다.

그 대가는 비싸고, 그것을 지불하는 것도 고통스러울 때가 많다. 그렇지만 하나님과의 관계를 방해하는 마음속의 바로 그 하나를 포기해야만 한다. 그에 따른 보상은 예수 그리스도와 하나가 되는 것이다. 그럼에도 불구하고 우리는 언제나 내려놓기를 거부한다.

어느 유대인 관리가 영생을 얻으려면 무엇을 해야 하는지 예수께 물었다.

> 어떤 관리가 물어 이르되 선한 선생님이여 내가 무엇을 하여야 영생을 얻으리이까 … 예수께서 이 말을 들으시고 이르시되 네게 아직도 한 가지 부족한 것이 있으니 네게 있는 것을 다 팔아 가난한 자들에게 나눠주라 그리하면 하늘에서 네게 보화가 있으리라 그리고 와서 나를 따르라 하시니 그 사람이 큰 부자이므로 이 말씀을 듣고 심히 근심하더라 눅 18:18, 22,23

문제는 그 사람이 가진 재물이 아니라, 재물을 사랑하는 그의 마음이었다. 예수님은 그 사람의 마음속에 무엇이 있는지 아시고는 하나님과 그의 관계를 방해하는 한 가지를 분명히 지적하셨다. 예수님을 위해 포기하지 않으려 하는 것이 있다면, 바로 그것이 우리가 예수님과의 관계보다 더 중요하게 여기는 것임이 분명하다. 스스로를 시험하기 위해 이런 질문을 해보는 것도 좋다.

"내 삶에서 하나님을 위해서 포기하지 않을, 혹은 하나님께 감사하지 않을 것이나 사람이 있는가? 내가 용서하지 않을 것이나 사람이 있는가?"

"예"라고 대답한다면, 그것이 무엇이든 우리와 하나님 사이를 방해하는 것이다.

언젠가 어떤 부인이 돈, 건강, 가족을 포함하여 자신이 가진 많은 문제에 대해 이야기했다.

"저는 엉망진창인 이 상황을 하나님께 맡기고 싶어요. 이 상황에 대해 하나님께 감사하려고 애써봤지만, 상황은 나빠지기만 했어요. 이 막막함에서 벗어나려면 어떻게 해야 할지 말씀해주세요."

"하나님께서 부인이 하기 원하시는 일 가운데 부인이 하고 싶지 않은 일이 있습니까?"

내가 물었다.

그녀는 얼굴을 붉히며 이렇게 대답했다.

"제가 포기할 수 없는 게 한 가지 있긴 한데, 그게 뭔지 말씀드릴 순 없어요."

"그것이 바로 하나님이 당신에게 원하시는 한 가지 일입니다. 그래야 문제를 해결할 수 있습니다."

부인은 울음을 터뜨렸지만, 표정은 굳어 있었다.

"그렇다면 저는 계속 고통스러워해야겠네요. 저는 용서할 수 없어요."

우리 대부분은 진짜 문제를 숨기거나 부정하는 데 꽤 능숙하다. 예레미야는 인간 본성에 대해 깨달음을 얻고 이렇게 썼다.

> 만물보다 거짓되고 심히 부패한 것은 마음이라 누가 능히 이를 알리요마는 나 여호와는 심장을 살피며 폐부를 시험하고 각각 그의 행위와 그의 행실대로 보응하나니 렘 17:9,10

다윗도 솔직하게 이렇게 말했다.

> 하나님이여 나를 살피사 내 마음을 아시며 나를 시험하사 내 뜻을 아옵소서 내게 무슨 악한 행위가 있나 보시고 나를 영원한 길로 인도하소서 시 139:23,24

만일 당신이 그렇게 기도한다면 하나님이 응답하실 것이다. 그분은 당신이 숨기려는 것을 당신에게 깨닫게 하실 것이다. 종종 우리가 큰 부담을 느끼는 고통스러운 상황 가운데서 하나님의 단서를 찾아볼 수 있다. 우리가 그런 상황에 대해서도 하나님께 감사할 수 있는 것은, 그것이 우리를 벌하기 위한 것이 아니라 우리가 하나님께 더 가까이 가도록 하기 위한 것이기 때문이다.

하나님의 용서를 의지하라

진리를 알게 되면 우리는 무언가를 해야 한다. 다윗은 "나의 마음에 죄악을 품었더라면 주께서 듣지 아니하시리라"(시 66:18) 라고 말했다. 우리가 하나님께 숨기는 것은 무엇이든 죄다. 우리가 그것에 연연하는 한, 하나님은 우리에게 귀 기울이시지 않는다. 죄에 대한 유일한 해결책은 하나님의 용서. 그리고 하나님의 용서는 우리를 창조주 하나님과의 관계에 대한 원래의 기준, '우리가 잘못을 고백하고 하나님께 내려놓으면 그분이 용서하신다'라는 것으로 되돌려놓는다.

우리는 살아 있는 동안 하나님의 용서를 의지해야 한다. 그 사실을 그 어느 때보다 오늘 더 잘 알고 있고, 앞으로 더 많이 의지하게 되기를 바란다. 몇 번이고 하나님의 용서를 구하는 것이 두렵거나 부끄러운가? 당신이 하나님과 게임을 하고 있다거나, 그분이 화를 내신다거나 당신을 사랑하는 일에 싫증을 내시리라 생각하는가? 그건 겸손이 아니다. 당신이 하나님의 용서를 얼마나 의지하는지 깨닫지 못하게 하는 것은 바로 당신의 교만이다.

어느 날 나는 바닷가에 서서 밀려오는 파도에 발을 담그고 있었다. 그때 어린 남자아이 하나가 바닷물로 달려들더니 장난감 양동이에 물을 가득 채웠다. 그러고는 모래사장에 파놓은 구덩이에 물을 붓기 위해 다시 해변으로 달려갔다. 아이가 왔다 갔다 뛰어다니는 것을 보다가, 문득 하나님의 용서가 바다처럼 넓고 크다는 것을 깨달았다. 우리가 그 바다에 조그만 양동이를 담가 몇 번씩 퍼내더라도 이내 물이 쏟아져 들어와 우리가 퍼낸 만큼 다시 채운다. 아무리 많이 퍼내더라도 퍼내기 시작했을 때와 마찬가지로 바닷물은 늘 꽉 차 있을 것이다. 그리고 모래사장의 작은 구덩이에 양동이로 아무리 물을 많이 붓더라도 그 물은 사라져버리고 이내 또 다른 양동이 한가득 물이 필요하게 될 것이다.

하나님 아버지의 마음은 자녀들이 그분의 용서를 받으러 올 때 기뻐하신다. 하나님은 마지못해 용서하시며 이렇게 말씀하시지 않는다.

"또 너로구나. 넌 언제쯤 말귀를 알아듣겠니?"

아니다. 우리가 오는 것을 볼 때마다 하나님은 이렇게 말씀하신다.

"네가 다시 돌아와서 기쁘구나. 나는 너를 용서하고 사랑한단다."

깨끗이 용서하고 잊으시는 하나님께로 돌아가는 우리의 여정은 하나님과 우리의 돈독한 관계의 생명줄이다. 우리가 솔직하게 잘못을 인정하고 그것을 하나님 앞에 내려놓을 때마다 그리스도는 우리 삶에서 잘못된 그 부분에 더 많은 통제권을 갖게 되신다. 우리 안에서 일어나는 변화는 점진적일 수도, 즉각적일 수도 있지만, 변화가 일어날 것은 확신할 수 있다.

성령으로 충만하라

우리는 스스로를 바꿀 수 없다. 바울이 에베소서 5장 18절에서 "술 취하지 말라 이는 방탕한 것이니 오직 성령으로 충만함을 받으라"라고 말한 것도 그런 까닭이다. 왜냐하면 "오직 성령의 열매는 사랑과 희락과 화평과 오래 참음과 자비와 양선과 충성과 온유와 절제니 이같은 것을 금지할 법이 없느니라"(갈 5:22, 23)에서 말하는 것처럼, 이러한 특성은 우리 스스로 만들어낼 수 없는 것들이기 때문이다.

성령으로 충만함을 받는다는 것은 어떤 의미인가? 그것이 순간적으로 일어나는 일이 아니라 하나의 과정이라고 생각한다면 이해하기가 더 쉬울 수도 있다. "충만함을 받으라"라는 말의 헬라어에서 이 표현은 '지속적으로 채워진다'라는 의미다. 이는 행위가 완료되지 않고 현재 계속된다는 의미의 동사로, 호스에 물이 계속 흐르고 있는 상태를 묘사할 때 사용된다. 호스는 물이 그 안에 흐르는 동안에만 가득 차 있다. 수도꼭지를 잠그거나 호스가 막히면 더는 채워져 있지 않은 상태가 된다. 호스는 텅 비거나 약간의 물이 고여 있을 뿐이다.

당신과 나는 그 호스와 같으며, 우리는 가만히 계시지 않고 우리를 통해 흐르시는 성령으로 계속 채워진 상태를 유지하라는 명령을 받았다. 수도꼭지를 트는 것은 그리스도께 굴복하는 우리의 지속적인 태도다. 그리스도와 우리 사이에 있는 것은 무엇이건 그 호스를 막는다. 하나님과 우리 사이에 소통의 채널을 열어두는 것이 얼마나 중요한지 이제 알겠는가? 우리가 하나님의 지속적인 용서를 얼마나 의지하고 있는지 이제 이해할 수 있는가?

지금의 나는 5년 전의 나와는 다른 사람이고, 하나님과 나의 관계도 그때와는 다름을 안다. 나는 내가 조금 성장하고 성숙했기를, 내 삶의 새로운 영역들을 그분께 드림으로써 하나님이 나를 성령으로 더욱 충만하게 하실 수 있었기를 바란다. 내가 나를 기꺼이 비우고 새로운 영역으로 뻗어나가며 성장해야만 하나님이 나를 채우실 수 있다.

우리는 잘 구부러지고 잘 늘어나는 급수용 호스와 같다. 그래서 하나님과 우리의 관계가 깊어지고 성장함에 따라 더욱 성령으로 충만할 수 있다. 때로는 호스가 막히듯 우리도 그럴 수 있다. 당신은 성령의 충만함을 받고 있다가도, 화가 나서 이성을 잃거나 포기해야 하는 무언가를 하나님이 보여주실 때는 그것을 거부하기도 한다. 바로 그때, 당신이 성령으로 충만하고 성령과 함께 흐르고 있는 상태인지 아니면 막혀 있는 상태인지 생각해보라.

일부 사람들은 성령께 굴복하는 특별한 경험과 관련해서 어떤 사람을 '성령이 충만한' 사람이라고 말한다. 그 이후로 사람들은 그 '성령이 충만한' 사람이 완벽에 가까워지기를 기대한다. 이는 진실과 동떨어진 이야기다. 성령으로 충만하기 위해 활짝 열렸다가 막힌 사람은 다른 어떤 사람보다 더 함께 살기 어렵고 이해하기 힘들 수 있다. 우리가 하나님과 가까운 관계를 경험했다가 멀어진다면 짜증이 나고 불행해지는 것은 지극히 당연하다. 성령님은 내면에 평안을 가져다주시는데, 그 평안이 사라지면 우리는 우리를 둘러싼 모든 것과 모든 사람에게 굉장히 부정적으로 반응할 수 있다.

우리가 "나는 성령 충만하다"라고 말하는 대신 "나는 지금 성령 충만한 상태다"라는 표현을 사용한다면, 성령이 역사하시는 방법을 좀 더 정확하게 묘사하는 것이다. 바울은 성령님의 세심한 지시를 받아서 헬라어 동사의 현재 지속 시제를 사용했다. 이는 끊임없이 충만하기를 바랐던 초기 그리스도인들에게 깊은 인상을 주었다. 그것은 단 한 번의 경험이 아니라 하나님과 우리 관계의 상태에 따라 계속되는 과정이다. 지속적으로 실패를 고백하고, 하나님의 용서를 구할 의지가 있는가? 그렇게 할 때, 우리의 집착이 비워지고 더욱 그분으로 채워질 것이다.

예수님은 끊임없이 성령으로 충만하셨다. 예수님과 아버지 하나님, 성령님은 하나다. 예수님은 아주 생생한 비유로 우리와 그분의 관계를 설명하신다.

나는 포도나무요 너희는 가지라 그가 내 안에, 내가 그 안에 거하면 사람이 열매를 많이 맺나니 나를 떠나서는 너희가 아무것도 할 수 없음이라 요 15:5

포도나무에서 잘려 나간 가지는 자라지 못하고 아무 열매도 맺지 못한다. 가지에는 생명을 주는 수액이 언제나 흘러야 한다. 이는 완전한 의존성을 보여주는 그림이다. 수액과 생명줄, 그것이 바로 성령님이시다. 우리 자신과 삶을 예수께 더 많이 맡길수록, 우리는 예수 그리스도와 하나 됨을 더 많이 경험하게 된다.

진정한 찬양은 그리스도와의 하나 됨에서 솟아나며, 우리 삶의 모든 것을 기쁨과 감사로 바꾸는 필터의 역할을 한다. 당신 마음속에 찬양의 필터가 있다고 상상할 수 있는가? 당신 눈에는 더 이상 고통이나 문제나 비극이 보이지 않으며, 하나님이 그분의 영광을 드러낼 놀라운 기회만이 보일 뿐이다.

예수님도 마찬가지셨다. 그분은 입술뿐만 아니라 온몸 속속들이 찬양으로 흘러넘쳤기 때문에 베다니의 장례식장에서도 이렇게 말씀하실 수 있었다.

> 내가 거기 있지 아니한 것을 너희를 위하여 기뻐하노니 이는 너희로 믿게 하려 함이라 그러나 그에게로 가자 하시니 요 11:15

당신 삶의 일부가 죽어서 땅에 묻힌 것 같은가? 망가지고 쇠약해졌는가? 어쩌면 결혼 생활이, 사업이, 재능이 그렇게 됐을지도 모른다. 당신은 이렇게 말한다.

"되살려보려 해도 소용없어. 다 사라져버렸다고."

당신이 틀렸다! 통곡과 눈물을 멈추고 대신 이렇게 말하라.

"이렇게 되어서 기뻐요. 이건 하나님의 영광을 위한 일입니다!"

이제 부활의 시간이다.

"나사로야, 나오라!"

05

얽매이기 쉬운 죄를
벗어버리라

못된 장난을 일삼는 한 무리가 친구를 위해 선물을 만들었다. 한쪽 끝에 25킬로그램짜리 쇠공이 달린 무거운 쇠사슬이었다. 그들은 쇠사슬 한쪽 끝을 친구의 발에 채우고는 열쇠를 던져버렸다.

"이제 네가 얼마나 빨리 달릴 수 있는지 보자."

그들은 친구를 놀렸다. 쇠고랑을 찬 친구는 주저없이 25킬로그램짜리 쇠공을 들더니 그것을 겨드랑이에 끼고 별 어려움 없이 걷기 시작했다. 그는 활짝 웃으며 말했다.

"정말 고맙네, 친구들. 내가 늘 갖고 싶었던 나만의 쇠공과 쇠사슬이야!"

쇠사슬에 묶여 있는 것을 좋아하는 사람을 만난 적이 있는가? 아니, 그보다는 쇠사슬에 묶이는 것이 좋으냐고 물어보는 편이 낫겠다. 당신에게는 늘 가지고 다니는 당신만의 쇠공과 쇠사슬이 있는가?

깊이 숨겨진 죄의 뿌리
히브리서 기자는 이렇게 말한다.

> 이러므로 우리에게 구름같이 둘러싼 허다한 증인들이 있으니 모든
> 무거운 것과 얽매이기 쉬운 죄를 벗어 버리고 인내로써 우리 앞에 당
> 한 경주를 하며 히 12:1

대부분의 그리스도인은 절도, 살인, 간음처럼 쉽게 눈에 띄고
겉으로 드러나는 명백한 죄는 이미 버렸다. 우리가 포기하지 못
한 것들은 보통 생각과 마음속에 숨겨져 있다. 그중 하나는 도
둑질, 살인, 간음을 저지르는 사람들에 대한 우리의 태도일 것
이다.

예수님은 우리 문제의 뿌리가 눈에 보이지 않는, 마음속에 숨
겨진 생각들인 것을 우리에게 보여주고자 하셨다. 예수님은 이
렇게 말씀하셨다.

> 마음에서 나오는 것은 악한 생각과 살인과 간음과 음란과 도둑질
> 과 거짓 증언과 비방이니 마 15:19

쇠공과 쇠사슬에 묶인 사람처럼, 우리는 과도한 짐을 짊어지고도 잘 지낼 수 있다고 스스로 말한다.

'난 인간에 불과하고 약점도 있지만, 적어도 저기 있는 저 사람처럼 나쁘지는 않아….'

한동안은 그렇게 버틸 수 있지만, 언젠가는 하나님이 우리가 무시할 수 없는 방법으로 우리의 숨겨진 연약함을 드러내실 날이 올 것이다.

오랫동안 나는 부도덕한 생각과 음란한 꿈을 뿌리치려 애썼다. 그런 생각과 꿈 때문에 언제나 죄책감에 시달렸던 나는 나를 용서하시고 유혹에서 구해달라고 기도했지만, 잘못된 출발점으로 이내 돌아가 있었다. 악순환은 계속되었고, 나는 그런 생각을 떨치지 못한 채 남은 평생을 살아가게 되리라고 생각했다.

그러던 어느 날, 인간에게 가장 어려운 일이 바로 하나님이 우리에게 해주고 싶어 하시는 일이라는 생각이 들었다. 내가 정말로 부도덕한 생각을 그만두기 원한다면, 하나님은 그 생각을 가져가시고 대신 그 문제에 대한 그리스도의 생각을 주실 것이다. 바울은 "너희 안에 이 마음을 품으라 곧 그리스도 예수의 마음이니"(빌 2:5)라고 말했다.

나는 그 즉시 이렇게 말했다.

"하나님, 아시지요. 저는 순전한 생각만 하기 원합니다."

하지만 그때 새로운 생각이 모습을 드러냈다.

'네 생각을 모두가 낱낱이 볼 수 있도록 네 머리 위에 있는 스크린에 투사하겠다는 거야?'

당혹스러웠다. 내가 부적절한 생각을 그만두기 전에 아주 잠시 잠깐이라도 그렇게 된다면 내 생각을 하나님께 드릴 준비가 되어 있는지 갑자기 확신이 들지 않았다.

내가 중단할 수 있는 죄가 아니라, 내가 중단하기 원하는지 확신할 수 없는 죄가 문제였다. 이전에는 내가 유혹의 덫에 걸린 불운한 피해자라 생각하며 나를 구원해달라고 하나님께 간구했다. 그러나 이제 하나님은 내가 원한다면 즉시 구원받을 수 있다는 것을 보여주셨다. 야고보서에 나오는 진리의 말씀이 내 마음속에 불타올랐다.

오직 각 사람이 시험을 받는 것은 자기 욕심에 끌려 미혹됨이니

약 1:14

수치스러웠지만 나는 실제로 은밀한 생각을 즐겨왔음을 인정해야만 했다. 그것을 포기하기란 쉬운 일이 아니었다. 사탄은 앞으로 내 인생이 정말로 따분해질 것이라고 내 귓가에 속삭이기 바빴다. 결국 나는 이렇게 고백할 수 있었다.

"주님, 저 자신에 대한 진실을 깨닫게 해준 이 모든 생각에 대해 감사합니다. 주님, 저를 용서해주십시오. 이제 제 생각을 주께 맡기니 가져가십시오. 제 생각을 스크린에 투사하신다고 해도 괜찮습니다. 제가 오로지 그리스도의 생각만 갖게 해주십시오."

언제나 그렇듯, 사탄의 속삭임은 근거 없는 헛소리였다. 나는 따분함 대신 영광스러운 안도감을 경험했고, 예쁜 소녀를 볼 때도 기쁨과 감사만이 넘칠 뿐이었다. 하나님이 주신 깨끗하고 새로운 즐거움을 깨달을 때면 종종 눈물이 흘렀다. 이전에 나의 추한 생각에 가려졌던 하나님의 아름다운 창조 세계를 이제는 온전히 감상할 수 있게 되었다.

내가 느낀 새로운 해방감을 우리 교회 남성들과 나누고 싶었던 나는 서재에서 모임을 준비하고 있었다. 갑자기 짙은 어둠이 방 안을 가득 채웠다. 마치 사탄이 나타나서 이렇게 말하는 것 같았다.

"감히 그런 말을 해선 안 돼! 여긴 내 구역이야. 꺼져!"

이야기를 하려고 교회 남성들 앞에 서자 목이 조여오면서 말이 쉽게 나오지 않았다. 하지만 내가 받은 것과 똑같은 도전을 그들에게도 줄 수 있었다. 많은 남성이 우리 생각을 하나님께 맡기는 것에 동참했다.

다음 날, 아내와 나는 강연 차 인디애나로 갔다. 그곳에서 친구인 진과 비비안 부부를 만났다. 진은 나를 그의 농장으로 데려가 새로운 장비를 하나 보여주었다. 곡물을 건조하는 데 사용하는 거대한 선풍기였는데, 나는 자세히 들여다보려고 몸을 숙였다. 바로 그때 진이 선풍기를 가동하자 안쪽에 숨어 있던 쥐 한 마리가 산산조각 나버렸다. 지저분한 것들이 나를 덮쳤다. 피와 창자가 뒤섞인 오물이 내 눈과 콧구멍과 입을 가득 채우고 깨끗한 셔츠 앞자락으로 흘러내리자 마치 사탄의 음흉한 소리가 귓가에 들리는 듯했다.

"이게 바로 남자들의 마음을 깨끗하게 한답시고 내 구역을 침범한 대가다!"

나는 넘치는 기쁨과 함께 깨달음을 얻었다. 사탄이 내 겉모습을 더럽힐 수 있을지는 몰라도, 그리스도는 나의 내면을 깨끗하게 하셨다!

온 마음을 다해 떨쳐 내라

당신이 그만두려 애썼지만 포기하지 못한 것이 있는가? 술, 담배, 마약처럼 눈에 보이는 것일 수도 있고, 아니면 텔레비전을 너무 많이 보거나, 부적절한 책을 읽고 부적절한 음악을 듣는 것처럼 그다지 드러나지 않는 것일 수도 있다. 그게 무엇이든 간에, 문제는 항상 당신의 생각에서 생겨난다. 이 점에 대해서는 의

료계도 예수님의 의견에 동의했다. 개인에게서 술, 담배, 마약 또는 과도한 열량 섭취를 강제로 제한할 수는 있지만, 심리적 중독이 남아 있는 한, 그 사람은 기회만 생기면 이전 습관으로 돌아갈 것이다. 심리적 중독이란 우리 생각과 마음이 내려놓지 못하는 무언가를 이르는 또 다른 이름이다.

자기 자신과 하나님 앞에 솔직해져보자. 혹 당신은 자신의 연약함을 은밀히 즐기고 있는가? 그것을 포기하려 애쓰지만, 그와 동시에 그것을 생각하거나 공상하도록 내버려두는가? 달달한 디저트의 맛이나 담배가 주는 진정 효과를 상상하는가?

정말로 그것을 끊고 싶은가? 자신의 진정성을 시험해보라. 당신은 하나님께 이렇게 말씀드릴 수 있는가?

"원하신다면 제 생각을 스크린에 띄워 아내와 아이들, 이웃, 친구들에게 제가 무슨 생각을 하는지 보여주십시오."

부적절한 생각이 떠오른다면 – 이것은 당신을 시험하기 위한 것일 뿐이다 – 그 생각이 화면에 투사된다고 상상해보라. 그리고 하나님께 이렇게 고백하라.

"그 생각을 하나님께 맡겼습니다. 저는 더 이상 그런 생각을 하지 않겠습니다! 절대로요!"

바울이 권고하는 것처럼 당신의 생각을 필사적으로 다른 곳에 두라.

끝으로 형제들아 무엇에든지 참되며 무엇에든지 경건하며 무엇에든지 옳으며 무엇에든지 정결하며 무엇에든지 사랑 받을 만하며 무엇에든지 칭찬 받을 만하며 무슨 덕이 있든지 무슨 기림이 있든지 이것들을 생각하라 빌 4:8

당신이 온 마음을 다해 당신을 옭아매고 있는 것을 떨쳐 내려는 모습을 하나님이 보신다면, 그분은 당신의 믿음을 강하게 하셔서 목적을 달성하게 하실 것이다.

우리 교회에 흡연 습관을 버리려고 애쓰는 남성이 있었다. 어느 날 그는 하나님이 자기에게 이렇게 말씀하고 계신다는 것을 깨달았다.

"더는 지체하지 말아라. 나는 아주 오랫동안 참고 기다렸단다. 나는 오늘 네가 담배를 끊길 바란다."

차를 타고 교회로 가던 그는 가던 길을 멈추고 길 한쪽에 차를 세운 뒤 머리를 숙여 기도했다.

"주님, 정말로 주님이 저에게 말씀하시는 것인지 알고 싶습니다. 만약 그렇다면, 저의 습관을 주께 맡길 때 주님이 치유해주실 것을 제가 믿습니다."

그는 고개를 숙이고 조용히 앉아서 이렇게 생각했다.

"주님, 주님이 말씀하시는 것이라면 꼭 징표가 있었으면 합니다."

바로 그때, 고속도로 순찰차가 멈추더니 경찰관이 그 남자 차로 다가왔다. 특이 사항이 없었는 데도 경찰관은 이렇게 물었다.

"기도 중이십니까, 선생님?"

그가 고개를 끄덕이자, 경찰관이 조용히 말했다.

"제가 선생님 차에 타서 선생님과 함께 기도해도 되겠습니까?"

이게 과연 우연이었을까?

하나님이 모든 사람에게 징표를 주시지는 않는다. 하지만, 우리의 마음은 원하지만 믿음이 연약할 때 종종 징표를 주신다. 하나님의 능력을 확신시키기 위해서가 아니라, 우리가 이미 믿기로 작정했을 때 우리를 격려하기 위해서 징표를 주신다.

고난이 유익이라

만약 스스로 '스크린 테스트'를 하고 나서도 비밀스러운 생각을 포기하지 않기로 한다면, 그때부터는 더 이상 우의리 문제가 우리를 놓아주지 않는 죄 때문인 척할 수 없다. 죄를 놓아주지 않는 것은 바로 우리 자신이기 때문이다. 진실이 드러났음에도 굴복하지 않으려 한다면 이는 더욱 심각한 일이 된다. 로마서 2장 5절은 우리에게 "다만 네 고집과 회개하지 아니한 마음을 따라 진노의 날 곧 하나님의 의로우신 심판이 나타나는 그 날에 임할 진노를 네게 쌓는도다"라고 말한다.

영국의 작가 루이스(C. S. Lewis)는 이렇게 말했다.

"하나님은 쾌락 속에서 우리에게 속삭이시고, 양심 속에서 말씀하시며, 고통 속에서 소리치십니다. 고통은 귀먹은 세상을 불러 깨우는 하나님의 메가폰입니다."

하나님이 다른 방법으로 우리의 주의를 끌지 못하신다면 부드럽게 말하는 것보다 더 강경한 조처를 하신다.

전능하신 하나님이 당신을 힘들게 하시는가? 고통을 겪고 있는 당신에게 소리치시는가? 그래서 당신은 감사하는가? 다윗은 감사했다.

고난 당한 것이 내게 유익이라 이로 말미암아 내가 주의 율례들을 배우게 되었나이다 시 119:71

하나님이 우리를 사랑하시기 때문에 우리를 괴롭게 하신다는 것을 이해하기 어려운가? 히브리서 기자는 이렇게 말한다.

또 아들들에게 권하는 것같이 너희에게 권면하신 말씀도 잊었도다 일렀으되 내 아들아 주의 징계하심을 경히 여기지 말며 그에게 꾸지람을 받을 때에 낙심하지 말라 주께서 그 사랑하시는 자를 징계하

시고 그가 받아들이시는 아들마다 채찍질하심이라 하였으니 히 12:5,6

나는 이 말씀이 가혹하고 불합리하다고 생각하곤 했다. 하지만 살면서 하나님의 '징계'를 몇 번 겪고 보니, 하나님이 나를 괴롭게 하시는 것은 하나님이 나를 너무 사랑하셔서 내가 그분을 떠나 계속 반항하도록 내버려두지 않으시기 때문임을 깨닫게 되었다.

내 마음의 소원은 예수 그리스도와 하나 됨을 경험하는 것이다. 하나님이 나를 좀 더 가까이하시려고 나를 고통이나 어려운 상황 가운데로 보내셨다면, 나는 내 주의를 끌만큼 상처를 주신 것에 대해서만 하나님을 찬양하고 감사할 수 있다.

얼마 전, 절도 혐의로 재판을 기다리고 있는 아들을 위해 기도를 요청하는 부부의 편지를 받았다. 부모의 규율에 동의할 수 없었던 아들은 열여덟 살에 가출했다. 처음에는 슬퍼하며 염려했는데 누군가 그들에게 《감옥에서 찬송으로》를 주었다. 부부는 자신들의 염려와 아들을 하나님께 맡기기로 결심했고, 하나님이 아들의 삶에 허락하신 모든 상황에 대해 하나님께 감사했다.

그 후 얼마 지나지 않아 아들은 절도 사건 현장에 나타났다가 총에 맞고 절도죄로 체포되었다. 그는 총격으로 한쪽 눈을 잃었지만, 결백을 주장하며 배심재판을 요구했다. 아들은 재판을 기다리는 동안 자신의 삶을 하나님께 드렸다.

그 부모는 편지에서 아들이 무죄 판결을 받고 그들과 함께 집으로 돌아왔다고 말하며, 하나님이 특별한 이유로 아들의 목숨을 살려주셨다며 크게 기뻐했다.

"아들 녀석은 평생 이렇게 말할 겁니다. '하나님, 한쪽 눈을 잃어버려서 감사합니다.' 한쪽 눈을 잃고 온몸이 지옥에 던져지지 않는 것이 유익하니까요!"(마 5:29 참조)

하나님은 우리의 주의를 끌기 위해 이런 방법을 자주 사용하지는 않으신다. 하지만 전적인 멸망에서 우리를 구원하시기 위해 반드시 그래야 한다면, 우리가 기뻐할 이유는 충분하다. 우리의 고통이나 심판은 우리를 향한 하나님 사랑의 증거다. 하나님은 발을 휘감아 우리를 넘어뜨려서라도 하늘에 계신 아버지와 하나 됨을 방해하는 모든 사소한 죄에서 우리가 해방되기를 바라신다.

내 눈의 들보부터 빼라

우리를 얽매는 가장 미묘한 죄 가운데 하나는 비판하는 태도다. 나는 이것이 모든 육체적 질병을 합한 것보다 더 많은 불행을 만들어낸다고 생각한다. 비판적인 태도는 결혼 생활을 깨뜨리고, 자녀들을 가정에서 쫓아내며, 모임을 분열시킨다. 사람들이 몸의 질병을 얻는 것은 끊임없는 트집 잡기로 그들의 영혼이 심한 상처를 입었기 때문이다. 어떤 사람들은 정신 질환을 얻고, 어떤 사람들은 범죄를 저지르거나 술, 마약, 음식에 의존하며, 사회 부적응자나 만성적인 실패자가 되는 사람도 있다. 그들은 자신이 하는 모든 일이 잘못이라는 말을 여러 번 되풀이해서 들어왔기 때문이다.

우리 사회 전체가 '비판'이라는 치명적인 독으로 망가지고 있다. 그 독은 가정, 교실, 교회, 대중매체, 정치, 국제 정세에 스며든다. 비판하는 말 한마디가 어떻게 하루를 망칠 수 있는지 모두가 잘 알지만, 비판하는 사람들은 대부분 자신이 옳은 일을 한다고 생각한다. 우리가 비판하는 것은, 그저 진실을 말하고 도움이 되고 싶기 때문이라고 스스로에게 말한다.

나는 그 점을 잘 드러내 보여주는 편지들을 수없이 많이 받았다. 이 편지도 그중 하나다.

"남편은 제가 사정사정할 때만 교회에 옵니다. 어느 날 저는 남편이 몰래 담배를 피우고 있다는 것을 알게 되었습니다. 흡연이 얼마나 잘못된 일인지 남편에게 몇 번이나 이야기했지만, 남편은 들은 체도 하지 않았습니다. 그때 친정어머니가 《감옥에서 찬송으로》를 주셨습니다. 저는 남편의 습관에 대해 불평하는 대신 하나님께 감사해보기로 결심했습니다. 그러면서 제게도 저만의 습관이 있다는 것을 깨닫게 되었습니다. 저는 매일 한 시간씩 텔레비전 드라마를 시청했습니다. 그 무엇도 '나만의' 프로그램 시청을 방해할 수는 없었죠! 저 역시 무언가에 푹 빠져 있으면서 남편을 비판할 자격이 있을까요? 저는 제 습관을 하나님께 맡겼고, 매일 그 한 시간 동안 남편을 위해 기도하고 감사하기 시작했습니다. 일주일도 채 지나지 않아 집에 돌아온 남편은 담배를 끊었다고 말하며 하나님께 자신을 드렸습니다!"

내가 받는 대부분의 편지는 행복하게 끝을 맺지만, 서류철에는 기도하고 찬양해봐도 소용이 없었다고 말하는 사람들의 편지도 있다. 결국엔 남편이나 아내, 자녀가 가정을 떠나거나 술이나 마약의 손아귀에 남겨졌다. 종종 편지에 드러나는 신랄하고 비판적이거나 애절한 태도를 보면 그 이유를 쉽게 이해할 수 있다. 예수님은 비판을 살인이라 하시며, 이렇게도 말씀하셨다.

그들이 묻기를 마지 아니하는지라 이에 일어나 이르시되 너희 중에 죄 없는 자가 먼저 돌로 치라 하시고 요 8:7

부정적이고 비판적이며 트집 잡는 말들은 돌을 던지는 것만큼이나 효과적으로 누군가를 파멸시킬 수 있다. 비판은 비판하는 사람에게도 위험하다. 예수님은 말씀하셨다.

비판을 받지 아니하려거든 비판하지 말라 너희가 비판하는 그 비판으로 너희가 비판을 받을 것이요 너희가 헤아리는 그 헤아림으로 너희가 헤아림을 받을 것이니라 마 7:1,2

여기서 예수님은 남의 죄는 티에 비유하시고 우리의 비판적인 태도는 들보에 비유하신다. 다른 사람들의 잘못이나 실패에 대해 더 많이 이야기하거나 생각하며 그것을 바로잡으려 할수록 우리 자신의 죄도 커지는 것이다.

하나님이 우리의 들보를 제거하시도록 해야만 우리는 형제의 작은 티를 제거하는 일에 도움을 줄 수 있다. 들보와 티를 모두 제거하는 것이 목적이지만, 반드시 이 순서대로 제거해야 한다. 즉, 자신의 비판적인 태도를 인정하는 것이 첫 단계다. 하지만 쉬운 일이 아니다. 트집 잡기는 우리 모두가 갖고 있는 몸에 밴 습관이기도 하기 때문이다. 다른 사람을 바라볼 때 우리의 머릿속에 가장 먼저 떠오르는 생각은 대부분 부정적인 것들이다. 우리는 다른 사람들이 우리보다 하나님의 용서가 더 필요하다고 생각하는 경향이 있는데, 이는 우리 눈에서 비판의 들보가 튀어나온다는 분명한 신호다. 가족과 가장 가까운 지인들을 제외하고, 우리는 마음에 들지 않는 사람들에게 종종 아첨하는 말을 하면서 뒤로는 비판적인 생각을 숨긴다.

그들이 이웃에게 각기 거짓을 말함이여 아첨하는 입술과 두 마음으로 말하는도다 시 12:2

당신과 대화하는 모든 사람이 당신 머리 위의 스크린에서 당신이 그들을 어떻게 생각하는지 볼 수 있다고 상상해보라. 그러면 우리의 비판적인 태도는 금세 들통날 것이다. 그렇지 않은가!

많은 말이 아니라 필요한 말을 하라

추악한 말과 태도 때문에 재난 현장이 되어버린 수많은 가정처럼 비판의 피해가 극명한 곳도 없다. 우리는 우리가 사랑한다고 주장하는 사람들에게 가장 큰 상처를 주는 듯하다. 나는 다른 식구들에게 문제가 있다고 말하고 싶어 하는 사람들의 이야기를 매일 듣는다. 그에 대한 내 대답은 이렇다.

"하나님은 여러분의 가족을 치유하기 원하십니다. 여러분이 기꺼이 비판을 멈추고 자신의 가족에 대해 있는 모습 그대로 감사하기 시작한다면 하나님이 여러분과 함께 시작하실 것입니다."

우리는 비판적인 태도를 정말 끔찍한 죄악으로 여겨야 한다. 우리는 하나님께 용서를 구하고 우리 생각을 그분께 맡겨야만 한다. 하나님은 우리가 비판했던 사람들을 위한 사랑으로 우리를 채우실 수 있다. 그리고 나서 트집 잡는 생각이 머릿속에 떠오르면 우리는 그 생각에 집착하지 말고, 대신 바울의 권면에 따라야 한다.

> 끝으로 형제들아 무엇에든지 참되며 무엇에든지 경건하며 무엇에든지 옳으며 무엇에든지 정결하며 무엇에든지 사랑 받을 만하며 무엇에든지 칭찬 받을 만하며 무슨 덕이 있든지 무슨 기림이 있든지 이것들을 생각하라 **빌 4:8**

다른 사람들의 좋은 점에 대해 생각하기 시작하면 얼마나 빨리 그들을 존경하고 이해할 수 있으며, 있는 모습 그대로 그들에 대해 하나님께 감사하게 되는지 놀라울 따름이다. 그리고 이내 그들의 잘못이 예전의 절반만큼도 나쁘게 보이지 않게 된다. 우리의 태도가 바뀌면 하나님은 손을 내미셔서 형제의 눈에 아직 남아 있을지 모르는 작은 티도 없애주신다.

하나님께 우리의 비판적인 생각을 드리는 동시에, 우리의 혀도 하나님께 드리고 그것을 통제해달라고 간구해야 한다. 당신은 하지 않았더라면 좋았을 말들을 얼마나 많이 내뱉었는가? 태초 이래로 혀는 사람들을 곤란에 빠뜨렸다.

> 이와 같이 혀도 작은 지체로되 큰 것을 자랑하도다 보라 얼마나 작

은 불이 얼마나 많은 나무를 태우는가 혀는 곧 불이요 불의의 세계
라 혀는 우리 지체 중에서 온몸을 더럽히고 삶의 수레바퀴를 불사르
나니 그 사르는 것이 지옥 불에서 나느니라 … 혀는 능히 길들일 사
람이 없나니 쉬지 아니하는 악이요 죽이는 독이 가득한 것이라

약 3:5,6,8

　선의를 가진 부모들은 소용이 없다는 것을 알면서도 십대 자
녀들에게 계속해서 좋은 조언을 해야 한다고 생각한다. 그러나
그들이 하는 말 중 99퍼센트가 아이의 상태를 더욱 나쁘게 만든
다는 것도 알고 있을까? 아무리 좋은 의도라 해도 말을 너무 많
이 하는 것의 비참한 결말은 가족 관계에서 가장 분명하게 드러
나지만, 우리는 친구들에게, 직장에서, 전화할 때나 설교단에서
도 똑같은 짓을 한다. 지나치게 말이 많은 그리스도인은 많은
사람을 하나님에게서 멀어지게 했다. 진실하고 좋은 내용이라
도 그것을 말하는 것이 잘못일 수도 있다.

　미련한 자의 귀에 말하지 말지니 이는 그가 네 지혜로운 말을 업신
　여길 것임이니라 잠 23:9

　어리석은 사람에게 한두 마디 말이 필요할 수도 있겠지만, 그

가 듣지 않는 한 그에게 말하는 행위는 잘못이다.

다른 사람들이 알아야 한다고 생각하는 것을 그들에게 말하고 싶은 충동은 하나님에게서 온 것이 아니라 우리의 비판적인 태도에서 비롯된 것이며, '그들을 바로잡기 위해' 우리가 하는 많은 말들이 때로는 분노와 상처와 불화를 심어줄 수 있다. 예수님은 결코 필요 이상으로 말씀하시지 않았다. 예수님은 언제 말씀해야 하고, 언제 다른 방법으로 사랑을 보여주어야 하는지 알고 계셨다. 예수님은 제자들에게 이렇게 말씀하셨다.

> 내가 너희에게 이르노니 사람이 무슨 무익한 말을 하든지 심판 날에 이에 대하여 심문을 받으리니 네 말로 의롭다 함을 받고 네 말로 정죄함을 받으리라 마 12:36,37

하나님과 얼굴을 맞대고 서서, 지금까지 당신이 내뱉은 부주의하고 바보스러운 말이 모두 즉석에서 재생되는 장면을 상상할 수 있겠는가? 정말 정신이 번쩍 들지 않을 수 없다.

> 우리가 다 실수가 많으니 만일 말에 실수가 없는 자라면 곧 온전한 사람이라 능히 온몸도 굴레 씌우리라 약 3:2

우리 입이 머릿속에 떠오르는 대로 아무 말이나 하게 내버려 둔다면 우리 행동도 절제되지 않을 것이다.

당신은 말수가 적은 편인가? 잘 모르겠다면 솔직한 친구에게 물어보는 것이 좋겠다. 대부분은 우리가 입을 함부로 놀린다는 사실을 인지하지 못한다. 하지만 다른 사람들은 알고 있다. 우리의 수다스러움이 그들에게 상처나 지루함을 주기도 하고, 우리가 쏟아내는 말 때문에 정말 하고 싶은 말이 제대로 전달되지 않는다는 것을 말이다. 하나님이 생각하고 말하는 능력을 주셨기에 우리는 하나님과 다른 사람과 소통할 수 있었다. 그러나 우리 대부분은 이 멋진 특권을 잘못 사용했다.

당신이 말수가 적건 그렇지 않건 간에 말을 잘못 사용했다고 용서를 구하면 하나님은 용서하신다. 하나님은 비판적이거나 우울한 말도 사랑스럽고 힘을 북돋는 말로 바꾸실 수 있다. 두서없이 지껄이는 잡담이나 힘없이 중얼거리는 말도 의미 있고 명확한 표현으로 변화될 수 있다.

혀를 하나님의 통제 아래 두라

다윗의 기도를 당신의 기도로 삼으라.

나의 반석이시요 나의 구속자이신 여호와여 내 입의 말과 마음의 묵 당신의 혀를 하나님께 맡기고, 그것을 단련하고 사용해달라고 간구하라. 말하고 싶은 충동이 들 때면 이렇게 기도하라.

"하나님, 제가 하고 싶은 말이 정말로 필요한 말입니까?"

우리가 조용히 하나님을 기다리면, 하나님은 우리가 해야 할 올바른 - 우리의 일반적인 지식으로는 절대 할 수 없는 방식으로 사람들의 필요에 직접 말하는 친절하고, 격려하며, 희망을 주는 - 말을 주실 것이다.

한번은 어떤 부인이 멍청한 책을 쓰는 데 시간을 낭비하지 말라며 분노에 가득 찬 편지를 보내왔다. 그녀는 어리석게도 하나님을 찬양하려 노력했지만, 아무 효과도 없었다고 했다. 부인의 아이는 지적장애를 가지고 태어났는데, 어떤 기도와 찬양도 아이의 상태를 바꾸지 못했다. 그녀는 이렇게 썼다.

"그런데 목사님은 왜 이런 말도 안 되는 이야기를 하느라 시간을 낭비하시나요?"

나는 부인이 내 책을 어떻게 오해하고 있는지 설명하기 위해 장황한 답장을 보낼 수도 있었지만, 그러는 대신 그 부인에게 도움이 될 만한 말을 내가 해줄 수 있을지 하나님께 여쭈었다. 나는 마음속에서 한 임산부가 장을 보다가 넘어져서 다치는 장면을 보았다. 그 여자가 혼자 외출했다고 남편이 화를 내는 것도 보았다. 아기가 지적장애를 가지고 태어나자, 남편은 모든 책임을 아내에게 돌렸다.

그 장면이 너무나 생생했기에 나는 부인에게 보내는 편지에 그 이야기를 적었다. 부인은 즉시 답장을 보내왔다. 내가 한 이야기는 그녀에게 일어났던 일 그대로였고, 이를 통해 그녀는 하나님이 자기 상황에 진심으로 관심이 있으시며 모든 것을 알고 계신다는 확신을 갖게 되었다. 부인을 감동하게 한 것은 내 지식이나 훌륭한 말솜씨가 아니라 하나님이 보여주신 장면이었고, 나는 그것을 부인에게 전달했을 뿐이다.

하나님이 우리 혀를 통제하시게 하면 어떤 일이 일어날지 생각해보라. 그렇게 되면 우리가 말을 건네는 사람들이 귀를 막지 않고 귀를 기울일 것이다. 하나님이 우리를 통해 말씀하시고, 그들은 하나님의 말씀을 들을 것이다.

이제부터 당신은 말하는 방식을 통해 언제나 사람들의 기분을 좋게 만드는 사람이 될 수 있다. 당신이 다가오는 것을 보면 사람들은 기뻐할 것이다. 그들은 당신이 언제나 친절하고 사랑스러운 말을 한다는 것을 알기 때문이다. 당신의 가정은 따뜻하고 사랑이 넘치는 공간이고 당신이 언제나 다른 사람들에 대해 좋은 이야기만 하기 때문에 남편은 서둘러 귀가할 것이고, 아내는 당신이 보고 싶어 견딜 수 없을 것이며, 자녀들은 방과 후에 친구들을 집으로 데려올 것이다. 당신의 말이 그들의 하루를 우울하게 하지 않고 밝게 만들어 주기 때문에 직장 동료들과 친구들이 당신을 찾을 것이다.

우리의 숨겨진 죄와 생각, 우리의 말을 하나님께 맡기면 그리스도께서 약속하신 하나 됨이 점점 더 현실이 된다. 성령님은 우리 삶의 이 새로운 영역을 끊임없이 채우실 수 있다. 정결해진 마음과 유순해진 혀 덕분에 찬양은 더욱 풍성하고 깊은 의미를 갖게 된다. 이제 우리는 다윗과 함께 이렇게 말할 수 있다.

내가 주의 의로운 판단을 배울 때에는 정직한 마음으로 주께 감사하리이다 시 119:7

너희 의인들아 여호와를 기뻐하며 즐거워할지어다 마음이 정직한 너희들아 다 즐거이 외칠지어다 시 32:11

의로움과 정직함은 진정한 찬양에 필요한 조건이지만, 우리 스스로는 결코 이룰 수 없다. 그것들은 회개하는 마음에 주시는 하나님의 자비로운 선물이다.

06

당신의 힘은
무엇인가?

하나님과 우리 사이에 '좋은 것'이 끼어들어도 진정한 찬양을 하지 못할 수 있다. 그 좋은 것이란 게 사람마다 다를 수 있지만, 몇 가지 질문으로 구별할 수 있다.

먼저, 행복하고 성공한 삶에 꼭 필요한 것이 무엇이라고 생각하는가? 대부분의 그리스도인은 재빨리 대답할 것이다.

"당연히 예수 그리스도이시죠."

그런데 당신에게 필요한 것이 그리스도뿐인가? "그렇다"라고 대답하면서도, 마음속 깊은 곳에서는 예수님과 더불어 무언가가 더 필요하다고 믿는 것처럼 행동하고 있지는 않은가? 당신이 사랑하는 사람들은 어떤가? 그 사람들을 잃게 될까 두려워한 적이 있는가? 직업은 어떤가? 각종 공과금을 낼 만큼 돈이 충분한지 염려되는가? 건강, 힘이나 재능은 어떤가? 그것들을 잃는다면 심란할까?

하나님이 멈춰 세우실 때

우리는 자신이 하나님이 아닌 무언가에 의존하고 있다는 사실을 그 무언가를 빼앗기기 전까지는 종종 의식하지 못한다. 미리암 피터슨은 내가 만나본 가장 기쁨이 넘치는 그리스도인들 가운데 한 사람이다. 그녀는 무남독녀로 부모님의 사랑을 받으며 자라나, 그녀만을 사랑하는 성실한 남자를 만나 결혼했다. 두 사람은 똑똑하고 아름다운 세 자녀를 두었고, 재정적인 안정과 폭넓은 교우 관계를 누렸다. 그러나 미리암도 남편도 하나님에 대해서는 생각하지 않았다. 눈에 넣어도 아프지 않을 만큼 사랑했던 십대 아들 스티브가 갑작스레 반항하기 전까지, 그들에게 신앙은 그다지 중요하지 않았다. 미리암은 무엇이 잘못되었는지 이해할 수 없었고, 어쩌면 자기는 엄마로서 실패한 것일지도 모른다고 생각했다. 난생처음 그녀는 하나님이 실제로 계신다면 어떤 방법으로든 모습을 드러내달라고 기도했다.

놀랍게도, 미리암의 남편이 교회에 출석해보자고 제안했다. 그녀는 성경을 읽기 시작했고, 예수 그리스도를 향한 믿음의 첫 발을 내디뎠다. 얼마 지나지 않아, 질서정연했던 그들의 삶의 구조가 무너져내리는 것 같은 일이 일어났다. 큰아들 존이 마약에 손을 대기 시작했고, 약에 취한 상태로 여자 친구의 아기를 때려 결국에는 그 아기가 사망했다. 존은 체포되었다. 스티브도 마약을 하면서 동양의 광신 집단들을 이리저리 떠돌았다. 미리암은 겁에 질렸고, 이런 생각에 시달렸다.

'나는 아이들에게 그리스도를 사랑하라고 가르치지 못했어.'

그녀는 죄책감에 끌려 하나님의 용서를 구했고, 하나님 말씀을 좀 더 제대로 이해하기 위해 열심히 성경을 공부했다.

존이 교도소에 있는 동안 미리암의 남편이 세상을 떠났다. 마약으로 체포된 스티브는 보석 조건을 어기고 유럽으로 달아났다. '단란한 가족'에게 이런 비극이 일어날 수 있다는 사실에 충격을 받은 미리암의 옛 친구들은 그녀 주변으로 모여들었지만, 그녀는 악몽이 되어버린 자신의 삶을 더는 견딜 수 없을 것만 같았다. 그녀는 마음속으로 울부짖었다.

"왜죠, 하나님? 왜 그러시는 겁니까?"

누군가 그녀에게 《감옥에서 찬송으로》를 주었고, 두려움과 괴로움으로 망연자실에 빠진 미리암은 이렇게 생각했다.

"여기서 더 잃을 게 뭐가 있겠어?"

더 이상 물러설 곳이 없었던 그녀는 자신에게 일어난 모든 일에 대해 하나님께 감사하기 시작했다.

존은 교도소를 출소했지만 극심한 분노 발작에 시달렸다. 정신과 치료도 도움이 되지 않았다. 어느 날 아침, 존은 어머니를 깨우더니 여자 친구를 죽이고 자살하겠다고 말했다. 자신의 감정이 격하다는 것을 보여주기 위해 그는 온 집 안을 돌아다니며 전등과 가구를 넘어뜨렸다. 미리암은 그런 존에게《감옥에서 찬송으로》를 건네주며 이렇게 말했다.

"우리 두 사람을 구원해줄 무언가가 여기 있을지도 모르겠다."

퇴근 후에 집으로 돌아온 미리암은 달라진 존의 모습을 발견했다. 하나님께 헌신한 존은 용서와 평안을 얻었다.

얼마 후에는 스티브가 스위스에서 전화를 걸어와 놀라운 이야기를 들려주었다. 눈 내리는 추운 밤, 무일푼이었던 그에게 근처 숙박업체의 한 주방장이 약간의 음식과 잠자리를 내주었다. 그런데 밤늦게 스티브를 발견한 사장은 영하의 날씨 속으로 그를 내쫓았다. 그에게는 입을 옷도, 갈 곳도 없었다. 이대로는 날이 밝기 전에 죽을 것이라고 생각한 스티브는 자신의 인생이 실패로 끝났다는 것을 깨달았다. 그는 눈밭에 몸을 던지면서 난생처음 이렇게 기도했다.

"하나님, 하나님이 정말 계신다면 저를 좀 도와주세요."

바로 그 순간, 스티브는 그리스도가 실제로 계시며 그를 구원하기 위해 오셨다는 것을 깨달았다. 그는 회개와 기쁨의 눈물을 흘리며 자신의 삶을 받아달라고 예수께 간구했다. 그리고 나서 자리에서 일어선 그는 눈길을 헤치며 걷기 시작했다. 얼마 안 가버려진 자동차를 발견하고, 차 안으로 기어 들어간 스티브는 자신의 생명을 구해주신 하나님께 감사하며 그날 밤을 보냈다. 어머니와 통화한 후, 스티브는 닥치는 대로 일해서 집으로 돌아갈 돈을 모았다. 그곳에서 그는 여전히 계류 중인 자신의 혐의를 인정했고, 곧 완전한 자유의 몸이 되었다.

우리 교회에서 청년부 사역을 하는 두 아들의 삶에서 하나님이 어떻게 일하고 계신지 이야기하는 미리암의 얼굴이 환하다. 하나님이 허락하셨던 비극적인 순간들을 이야기할 때도 그녀의 기쁨은 분명히 드러난다. 다윗은 이렇게 고백했다.

> 우리를 괴롭게 하신 날수대로와 우리가 화를 당한 연수대로 우리를 기쁘게 하소서 시 90:15

미리암은 고통의 시간을 통해 오직 하나님만 의지하는 기쁨과 즐거움을 발견했다. 그녀는 이렇게 말한다.

"저는 언제나 가족과 제 주변에 있는 친구들을 의지하곤 했어요. 하나님이 그들을 모두 없애버리셨을 때, 내가 행복해지기 위해서는 하나님만 필요하다는 것을 알게 되었습니다."

시련이 몰아닥치기 전까지 그녀는 스스로를 행복하고 즐거움을 좇는 사람으로 여겼다. 미리암은 나에게 이렇게 말했다.

"하지만 그건 표면적인 것에 불과했어요. 뭔가 잘못되기라도 하면 하루를 완전히 망치고 우울감과 걱정에 빠졌습니다."

그녀는 행복한 미소를 지으며 말을 이었다.

"제 임무는 걱정 대신 모든 일에 하나님을 찬양하는 것입니다!"

최근에 그녀는 10킬로그램짜리 개 사료를 새 카페트 위에 떨어뜨렸다. 그때도 미리암은 웃으며 말했다.

"전혀 화가 나지 않았어요. 생각나는 말이라곤 '주님을 찬양하라!' 뿐이었죠. 과거의 저였다면 미친 듯이 화를 냈겠지만요."

미리암은 여전히 셋째 아이 문제로 어려워하며, 위기가 닥쳤을 땐 하루 종일 걱정하기도 했다.

"하지만 제가 걱정하는 매 순간은 모든 것을 책임지시는 하나님을 슬프게 할 뿐이란 것을 깨달았답니다."

지금 미리암은 사랑하는 가족과 친구들에 둘러싸여 있지만, 더는 그들에게 의존하지 않는다. 그녀에게 필요한 것은 오직 예수 그리스도시다. 우리가 그 사실을 알게 되면, 나머지 모든 것은 하나님이 우리가 그분 안에서 진정으로 행복해지는 데 필요하다고 여기시는 정도에 따라 우리 것이 될 수 있다.

청구서에 대해 찬양하다

지금 우리나라를 비롯한 전 세계가 경제적으로 어려운 시기를 겪고 있다. 경험이 풍부한 전문가들조차도 앞으로 어떤 일이 벌어질지 감히 단언하지 못한다. 하나님이 우리에게 이런 일이 허락하시는 것은 우리가 하나님께 재정적 안정을 의지할 기회를 주시기 위해서라고 나는 확신한다. 그렇지 않고서야 우리가 어떻게 깨달을 수 있겠는가?

이 시대가 당신을 괴롭게 하는가? 당신의 자산 가치에 대해 걱정하고 있는가? 가족의 미래가 걱정되는가? 그렇다면, 이는 당신은 안정감을 느끼기 위해 하나님보다 돈이 더 필요하다고 생각한다는 뜻이다.

한 남성이 편지를 보내왔다. 일평생 먹고 살기 위해 정말로 열심히 일했지만, 어찌 된 일인지 청구서가 언제나 월급을 초과한다는 것이다. 연장근무도 소용이 없었다. 이러다가는 언젠가 채권자들의 요구를 따라가지 못하게 되리라는 두려움을 안고 살았다. 그러다가 누군가 그에게 찬양에 관한 책을 주었는데, 그 책 때문에 자기가 처한 상황에 대처하는 방법이 뭔가 잘못되었다는 것을 알게 되었다. 그는 자기가 받은 모든 청구서에 대해 하나님을 찬양하기로 마음먹고는 자리에 앉아 가장 중요한 청구서에 대한 수표를 쓰기 시작했다.

"저는 눈앞에 있는 종잇조각을 바라보며 이렇게 말했습니다. '하나님, 청구서에 대해 감사합니다. 이 수표와 이 수표를 받는 사람들을 축복해주십시오.'"

수표를 보낼 우표와 봉투를 사는 데도 돈이 들었다는 생각이 든 그는 그것을 자기에게 판 사람들도 축복해달라고 하나님께 간구했다. 그리고 책상에 놓인 전등을 보고는 또 이렇게 말했다.

"하나님, 전기요금 청구서를 보낸 사람들을 축복해주십시오."

그다음에 그는 집을 살 때 대출을 해준 사람들과 돈을 받고 자신이 앉아 있는 책상과 의자를 판매한 사람들을 축복해달라고 기도했다. 그는 편지에 이렇게 썼다.

"제게서 세금을 떼어가는 사람들도 축복이 필요합니다. 그렇게 계속하다 보니, 이전에는 제 돈을 가져가는 사람들을 제가 늘 저주했었다는 것을 갑자기 깨닫게 되었습니다. 이제 우편으로 보낼 첫 번째 수표를 준비하면서 정말로 감사하다고 느꼈습니다. 그 수표를 축복해달라고 하나님께 간구하자 우울함과 걱정을 떨쳐버릴 수 있었습니다."

일주일이 지나지 않아 이 남성은 첫 번째 수표를 받은 채권자에게서 청구서에 오류가 있었다는 답장을 받았다. 그는 그들에게 아무 빚이 없었고 오히려 그들이 빚을 지고 있었다! 봉투 안에는 그가 보냈던 수표와 함께 똑같은 금액의 또 다른 수표가 들어 있었다. 이런 일은 난생처음이었다. 그는 그 돈을 사용할 지혜를 달라고 기도하다가 수표 두 장을 합치면 오래된 빚을 갚을 수 있다는 것을 깨달았다. 그는 자기가 진 빚을 알려주는 편지를 여러 통 받았기 때문에 이번에는 이 돈을 돌려받지 못하리라고 생각했다. "주님, 그들을 축복해주십시오"라는 기도와 함께 그의 수표는 떠나갔다.

답장이 도착했다. 그 회사는 최근 자신들이 보낸 편지에 그가 가장 먼저 회신했으므로 특별한 상을 주고 싶다며 회사 매장으로 와달라고 했다. 최근 그 회사로부터 어떤 연락도 받은 적이 없었던 그는 이 초대장이 이전 청구서에 결제하고 있는 그에게 더 많은 물건을 사게 하려는 속임수라고 생각했다.

그러다 애당초 청구서에 결제할 돈을 어떻게 마련했었는지 떠올린 그는 결국 그 매장에 가보기로 마음먹었다. 친절한 비서가 1년 이상 연체되었던 계정에 결제하는 사람들에게 특별한 상품을 제공했다고 설명했다. 그가 가장 먼저 결제한 사람이었고, 그들은 다른 사람들이 청구서를 결제하도록 독려하기 위해 사진을 찍고 시상식을 지역 신문에 낼 수 있게 해달라며 허락을 구했다.

상품은 무엇이었을까? 그걸 알게 된 남자는 쓰러질 뻔했다.

"결제액의 열 배가 되는 금액입니다!"

"이제 저는 맨 처음 적어 보냈던 수표의 스무 배가 되는 돈을 받았습니다. 새로운 수표를 가지고 집으로 돌아온 저는 그 돈을 축복해달라고 하나님께 구했습니다. 결제해야 할 다른 청구서가 여러 개 있었지만, 저는 그 돈을 어떻게 쓰면 좋을지 알 수 있는 지혜를 구했습니다. 그 답에 저는 동요했습니다. 하나님은 제가 그 돈을 베푸는 데 사용하기 원하시는 것 같았습니다! 그건 제 상황에 전혀 도움이 되지 않는 것이었죠. 저는 여전히 빚에 허덕이고 있었지만, 어떻게 기도하든 간에 드는 생각은 이것뿐이었습니다. '그 돈을 베풀어라!'"

결국 그 남자는 교회 목사님에게 전화를 걸어 교회에 드릴 헌금이 있다고 말했다. 그가 액수를 밝히자, 목사님은 필요에 빠르게 응답해주어서 감사하다고 말했다.

"필요라니요?"

"정확히 그 금액이 필요하다고 지난 주일 제가 교회에서 광고했습니다."

남자는 그 주일에 교회에 가지 못했기 때문에 목사님의 요청을 듣지 못했다. 이제 그는 하나님이 그의 돈을 책임지신다는 것을 확신하게 되었다. 그는 모든 청구서와 자기가 쓰는 모든 수표에 하나님이 축복해주시기를 계속 구했다. 그는 내게 보낸 편지에 우리가 하는 교도소 선교를 위한 상당한 금액의 기부금을 동봉하면서, 하나님이 그의 모든 것을 번창하게 하셨기 때문에 이제 하나님이 주시는 것을 투자할 새로운 방법을 찾는 중이라는 말로 편지를 끝맺었다.

우리의 능력 되시는 그리스도

당신이 청구서를 두고 감사하기 시작한다면, 하나님이 당신에게도 똑같이 행하실까? 한 가지 중요한 조건이 충족된다면, 그럴 가능성이 크다. 하나님을 찬양하는 것이 이 사람에게 전환점이 된 이유는 그것이 그가 자신의 재정을 하나님께 맡겼다는 내적인 순종을 겉으로 드러냈기 때문이다. 그 증거는 그가 돈을 다루면서 하나님의 명령을 기꺼이 따른 것이다.

하나님이 당신을 부자로 만들어주시지 않을 수도 있지만, 모든 돈이 하나님에게서 왔으며 그것이 하나님 것임을 깨닫는 한, 돈에 대해서는 절대로 걱정할 필요가 없다. 하나님이 지시하시는 대로 돈을 사용하면, 세계 경제 상황과 관계없이 당신의 필요는 언제나 채워질 것이다. 바울은 이렇게 말했다.

> 나는 비천에 처할 줄도 알고 풍부에 처할 줄도 알아 모든 일 곧 배부름과 배고픔과 풍부와 궁핍에도 처할 줄 아는 일체의 비결을 배웠노라 내게 능력 주시는 자 안에서 내가 모든 것을 할 수 있느니라

빌 4:12,13

바울의 비결은 그가 자기의 진정한 능력이 어디에서 비롯되었는지 깨달은 것이다. 돈이나 친구, 자신의 노력에서 비롯된 것이

아니라, 그리스도에게서 비롯되었음을 말이다. 그리스도는 우리의 능력이시다.

꽤 오랫동안 그리스도인이 되려고 애썼던 한 수감자가 편지를 보내왔다. 그는 온갖 노력에도 불구하고 스스로 '끔찍하게 타락한 상태'라고 부르는 상황에 빠졌다. 그는 기도와 성경 공부를 그만두고 주술을 배우고 있었는데, 결국에는 자기 삶이 무의미하다고 느끼는 지경에 이르렀다. 그는 이렇게 적었다.

"제 앞가림을 할 능력이 없다는 사실을 인정하고 싶지 않았지만 바로 그 순간 예수님이 오셔서 그분의 능력으로 저를 들어 올리셨습니다. 옛날에는 자존심 때문에 예수님을 영접할 수 없었지만, 인생의 밑바닥에 이르니 자존심을 세울 것이 하나도 남아 있지 않았습니다. 하나님이 저를 끌어 내리셔서 진리와 그분의 놀라운 은혜를 볼 수 있게 하시니 기쁩니다."

목회자로서 나는 매일 사람들이 이렇게 말하는 것을 듣는다.

"평생 옳은 일을 하려고 애썼지만 허사였습니다. 아등바등하는 것을 포기하고 하나님이 저를 통해서 하시고자 하는 일이 무엇이건 받아들이자, 영광스러운 일들이 일어났습니다. 내 힘으로 노력하기를 포기하고서야 하나님의 능력을 경험했습니다."

우리가 아무리 강하다 해도, 우리 힘은 항상 부족하며 절대로 옳을 수 없다. 그리고 우리가 절대 옳을 수 없고, 절대 충분히 강하지 않다는 것을 깨닫게 되면, 아무리 애를 쓴다 하더라도 결국 예수님이 우리 대신 해주시도록 그분을 의지할 수밖에 없다는 것을 이해하게 된다. 그 영광스러운 깨달음은 마침내 자기 노력으로부터 우리를 자유롭게 하고, 하나님이 우리에게 주시려는 모든 것을 자유로이 받을 수 있게 한다.

주께서 꺾으신 뼈들도 즐거워하게 하소서

강하고 능력이 많은 사람일수록, 하나님이 필요하다는 사실을 인정하기가 더 힘들 수 있다. 스스로 충분하다는 우리의 착각을 깨부수기 위해 하나님은 우리 삶 가운데 어려운 상황을 주셔야만 할지도 모른다.

톰은 키가 크고 외모가 뛰어난 고등학생이었다. 남달리 넓은 어깨와 건장한 체격 때문에 그를 아는 많은 남자아이들이 그를 부러워했다. 톰은 참여하는 경기마다 우승을 놓치지 않는 스타 운동선수였다. 그의 부모님은 그리스도인이었지만, 2학년이 되면서부터 톰은 믿음에서 서서히 멀어졌다. 자기에겐 하나님이 필요 없다고 확신했다. 자기 힘과 기술만으로도 다른 학생들이 자기를 두려워하는 동시에 존경하게 할 수 있었으니까. 3학년이 되었을 무렵 톰은 주말마다 술을 많이 마셨고, 다른 친구들을 괴롭히며 왕따시켰다. 낡은 자동차를 고친 뒤 고가에 팔아 돈을 벌었고, 삶의 목표는 거물이 되는 것이었다. 그의 사진은 이미 신문 스포츠면에 정기적으로 실리고 있었다. 톰은 인기 있는 미식축구 선수이자 레슬링과 수영 챔피언이었다.

어느 이른 아침, 톰은 밤새 파티에서 놀다 집으로 돌아가는 길이었다. 그가 탄 소형 폭스바겐 컨버터블은 지나치게 빠른 속도로 고속도로를 달리고 있었다. 운전대를 잡고 있던 톰이 깜박 조는 순간, 자동차는 통제 불능 상태가 되어 100미터 가까운 절벽 위로 넘어갔다.

병원에서 얼굴과 등에 난 상처는 물론 머리뼈에 난 깊은 상처도 봉합했다. 뼈가 부러진 곳은 없었지만, 톰은 깊은 혼수 상태에 빠졌다. 검사 결과, 뇌와 뇌간에 심각한 손상이 있음이 밝혀졌다. 외과의사 여럿이 모여 수술했지만, 완벽하게 회복할 가망은 거의 없다고 말했다.

그러는 사이 톰의 부모와 가족, 교회 목회자들, 원근 각지에서 모인 교인들이 톰과 그의 미래를 하나님의 손에 맡기는 데 동참했다. 그의 부모에게는 하나님이 자기 아들을 고쳐주시리라는 확고한 믿음이 있었다. 톰은 혼수 상태와 반혼수 상태를 오가며 몇 주를 버텼다. 혼수 상태에서 깨어난 톰은 부모님을 알아보았지만 기억을 잃어버렸고, 더듬거리며 몇 마디밖에 하지 못했다. 의사들은 그가 기억력이나 몸의 왼쪽 부분을 다시 온전하게 사용할 수 있을지에 대해 회의적인 의견을 보였다.

톰은 5주 동안 재활 병동에서 스스로 앉고 먹고 심지어 몇 분 동안 서 있는 법까지 배웠지만, 정신은 아직 어린아이에 머물러 있었다. 언뜻언뜻 기억이 되돌아오기도 했지만, 그가 이전에 배운 모든 것은 사라지고 없었다. 그래도 기도는 여전히 계속되었다. 그의 부모는 하나님이 톰을 치료하실 거라는 믿음을 붙들었고, 톰을 퇴원시키며 기뻐했다.

이제 톰은 이전에 알던 것들을 다시 배우는 길고 지루한 싸움을 시작했다. 부모님의 응원을 받으며 체조, 근육 운동, 달리기, 수영을 시작했다. 한쪽 다리 힘이 다른 쪽보다 약한 탓에 처음엔 달리려고 할 때마다 넘어지고 구르기 일쑤였다. 수영장에서는 손으로 물을 튀기며 어린아이처럼 키득거렸다. 수영을 해보려던 그가 바닥으로 가라앉자, 아버지가 끌어내야 했다.

톰은 서서히 신체 능력을 회복하고 있었지만, 정신은 여전히 초등학교 5학년 수준에 머물러 있었고, 과거에 대한 기억도 형편없었다. 부모님은 톰이 자기 능력이 아닌 그리스도의 능력에 의지한다면 해낼 수 있을 거라 말했고, 톰도 그 말에 동의했다.

이번에는 전직 스타 운동선수에게 굴욕적인 경험들이 이어지기 시작했다. 톰은 수영팀으로 복귀를 허락받았지만, 우승이 아니라 단지 완주를 위해 열심히 노력해야 했다. 레슬링 경기에서는 톰보다 몸집이 한참 작은 녀석이 그를 바닥에 내동댕이쳤다. 그의 굳은 의지에 감동한 옛 코치와 팀 동료들 덕분에 미식축구팀에도 복귀했지만, 그가 알고 있던 미식축구에 대한 모든 기억은 사라지고 없었다. 행동이 거친 옛 친구들은 톰의 서툰 모습을 비웃었다. 톰이 2년제 대학에 입학했을 때 그는 반에서 꼴찌였다.

하지만 그 굴욕적인 경험을 통해 톰에게는 예수님의 임재하심이 현실이 되었다. 자신의 무력함 가운데 톰은 예수님의 능력이야말로 믿을 만한 것임을 깨달았다. 그는 이렇게 말한다.

"저는 예수님을 최우선에 두는 법을 배웠습니다. 훌륭한 운동선수가 되기 위해서 코치와 팀이 필요하듯, 그리스도 안에서 성장하기 위해서는 목회자와 믿음의 동료가 필요합니다. 운동 경기에는 규칙이 있고, 코치가 그 규칙을 몇 번이고 반복해서 설명해주어야만 마침내 그 원리를 경기에 적용할 수 있는 경우가 빈번합니다. 그리스도인들에게는 위대한 코치와 위대한 규정집이 있습니다. 그 안에는 제 삶에 어떻게 적용해야 좋을지 알 수 없는 것들도 있지만, 위대한 코치께서 그것을 끈질기게 저에게 설명해주시니 언젠가는 제가 더 많이 이해할 수 있을 거라 믿습니다."

현재 톰은 학교생활을 잘하고 있고, 서툴게 단어를 찾는 것이 아니라 자기 뜻을 분명하게 표현한다. 교회에서 청년들과 사역하는 데 많은 시간을 할애하고 있으며, 차분하고 친절한 성격 때문에 많은 존경과 사랑을 받고 있다. 한때 친구를 괴롭히던 난폭한 불량배에서 완전히 달라진 모습이다. 그는 이렇게 말한다.

"저는 거의 죽을 뻔했습니다. 하지만 하나님이 저에게 진정한 삶을 주셨습니다. 예전에는 제가 갖고 싶다고 생각한 모든 것을 다 가졌었습니다. 크고 강하고 성공도 했었죠. 손을 뻗으면 무엇이든 가질 수 있었고, 매일 아침 눈을 뜨면 하루를 더 재미있게 보내기 위해 뭘 하면 좋을까 생각했었습니다.

세상의 눈으로 보면 승자였지만, 모든 것을 잃고서야 저는 진정한 승자가 되었습니다. 오직 하나님만이 정말 중요한 것을 주실 수 있음을 보여주시기 위해 하나님은 제게서 모든 것을 빼앗아가셨습니다. 얻을 수 있는 것을 가지려고 노력하는 것보다 하나님이 주시는 것을 받는 데 삶의 비결이 있음을 깨달았습니다!"

톰은 다윗의 말에 흔쾌히 동의할 수 있을 것이다.

내게 즐겁고 기쁜 소리를 들려 주시사 주께서 꺾으신 뼈들도 즐거워하게 하소서 시 51:8

하나님이 우리 뼈를 꺾으시는 것은 그분의 능력에 의지할 때 발견할 수 있는 기쁨과 즐거움을 우리가 발견하기를 그분이 원하시기 때문이다.

고백할 뿐 아니라 살아 내야 한다

자신의 능력을 의지하는 것에서 하나님의 능력으로 옮겨가는 것은 누구에게도 쉬운 일이 아니다. 어떤 부분에서는 하나님을 의지할 수 있지만, 다른 부분은 그렇지 않을 수 있다. 혹은 다른 것보다 특정한 것들에서 하나님을 더욱 신뢰할 수 있다. 우리 자신을 하나님께 온전히 맡기는 것은 평생에 걸친 과정이다. 우리는 이미 다 맡겼다고 생각하지만, 여전히 옛날 방식대로 상황을 끌고 나가려는 옛 자아가 튀어나온다.

"주님이 나의 힘이십니다"라고 말하는 것이 그렇게 사는 것보다 쉽다. 지난 수년간, 에스콘디도에 있는 우리 교회와 찬양의 재단(Foundation of Praise)은 급속하게 성장했다. 새 책이 나올 때마다 독자들이 보내오는 편지가 수북이 쌓였고, 전화와 방문, 나를 초청하겠다는 요청이 사무실로 쏟아졌다. 나는 도움을 요청한 모든 사람은 하나님이 보내셨다고 믿는다. 그래서 편지와 전화가 내가 감당할 수 있는 수준을 넘어서자, 모든 사람을 도울 수 없다는 죄책감이 들기 시작했다.

몇 달 동안은 커지는 압박감 때문에 고역이었다. 모르는 번호의 전화가 집으로 걸려올 때면 죄책감은 더 심해졌지만, 밤새 걸려 오는 전화에 잠을 이룰 수 없었다. 힘을 더 달라고 하나님께 간구했지만 피로감은 커져만 갔고, 아내와 동료들은 내 건강을 염려하기 시작했다. 모든 전화와 편지에 대해 끊임없이 하나님께 감사했지만, 그들 모두에게 응답해줄 수 없음을 용서해달라고 간구해도 왠지 모를 죄책감은 절대 사라지지 않았다. 결국 모든 것을 감당하려 발버둥 치기를 포기하는 것 외에는 아무것도 할 수 없었다. 나는 이렇게 기도했다.

"주님, 주님이 보내주신 모든 사람을 돌볼 수 없어 정말 죄송합니다. 주님이 다른 방법으로 그들의 필요를 채워주셔야 할 것 같습니다."

긴 침묵이 흐른 뒤, 주님이 이렇게 말씀하시는 것 같았다.

"멀린, 너 없이도 내가 이런 일들을 해낼 수 있다는 것을 이제야 깨달았다니 기쁘구나."

"제가 아니더라도 주님이 역사하실 수 있다는 건 알지만…."

"그렇다면 이 사람들을 돕는 것이 왜 온전히 네 책임인 것처럼 행동하느냐? 그들에게 멀린 캐러더스보다 내가 더 필요하다는 것을 모르느냐?"

내 죄가 명명백백히 드러났다. '내가' 목회하는 교인들을 돕는 것은 멀린 캐러더스가 아니라 예수님이라고 여러 해 동안 입버릇처럼 말해왔다. 나는 "주님, 제가 아니라 하나님의 영광을 위해 저를 사용해주십시오"라고 기도했지만, 마음속 깊은 곳 어딘가에서는 그 영광의 일부를 내가 차지하고 있었다. 내 힘의 일부를

사용하고 있었다. 교만이 문제였고, 그 명백한 증거는 나의 죄책
감과 피로감이었다.

하나님이 바로 당신 눈앞에서 경고 신호를 깜빡이고 계실지도
모른다. 당신은 하나님이 원하신다고 생각하는 일을 하고 있
지만, 당신이 잘하지 못하기 때문에 죄책감을 느낀다면, 그리고
그 일이 너무 부담되어 피곤하다면 스스로에게 물어보라.

'하나님이 나 대신 다른 사람을 사용하셔서도 똑같이 일하실
수 있을까?'

이 질문이 당신의 자존심을 조금이라도 건드린다면, 그리고
하나님이 당신 없이도 똑같이 일하실 수 있음을 전적으로 확신
할 수 없다면, 조심하라!

나는 내 죄를 고백하면서 마침내 이렇게 말할 수 있었다.

"주님, 주님이 나의 힘이십니다. 주님이 원하시는 곳에서만 저
를 사용해주십시오. 그리고 다른 사람을 통해 주님이 하실 모든
역사에 대해 감사합니다."

죄책감과 압박감은 사라졌고, 도움이 필요한 사람들에게는
다른 사람들이 응답하기 시작했다.

내 책을 읽은 사람들이 너무 많다 보니, 내게 전화를 걸어 "목
사님이 저를 위해 기도해주시면 하나님이 무슨 일이든 해주실 것
같습니다"라고 말하는 사람들이 종종 있다. 그런 말을 들으면

늘 조금 겁이 나는데, 그건 하나님만이 하실 수 있는 중요한 일들을 내가 할 수 있다고 그들이 믿는다는 뜻이기 때문이다. 찬양에 대한 말씀을 전파하거나 사람들을 위해 기도하는 일에 하나님은 멀린 캐러더스가 필요하지 않으시다. 하나님께 내가 필요하다고 생각한다면, 수많은 사람이 예수님 대신 나를 의지하게 만드는 위험에 빠지게 될 것이다.

어떤 목사님이 어려움을 겪고 있는 작은 교회를 맡게 되었는데, 불과 몇 달 만에 교회 성도 수가 몇 배로 늘어났다. 교회는 부흥했고, 목사님은 대단히 인기가 많았지만, 2년 뒤 교회를 떠나게 되었다. 빠르게 늘었던 성도는 그만큼 빠르게 줄어들었고 교회는 문을 닫았다. 교회가 내놓은 입장은 다음과 같았다.

"아무개 목사님은 정말로 훌륭한 인품을 가지고 계셨기에 우리는 그분을 대신할 사람을 찾을 수 없었습니다."

그 교회에서 누가 가장 많은 추종자를 가졌었을까? 인기 있는 목사님이었는가, 아니면 예수님이었는가? 당신이 사람들과 함께 있을 때 그들은 누구에게 반응하는가? 당신 안에 계신 그리스도인가, 아니면 그냥 당신인가?

나는 곳곳에서 답지하는 강연 요청에 어떻게 응해야 할지 몰라 여전히 어려움을 겪고 있다. 일정이 너무 빡빡했고, 그 때문에 건강도 나빠졌다. 이제는 그 의미를 서서히 깨닫고 있다. 감사하게도, 하나님은 나 자신의 힘으로 일하지 않게 하실 것이다. 아주 조금이라도 말이다. 그렇게 되면 숨은 자만심이 감춰질 것이기 때문이다. 더 많은 능력을 달라는 부르짖음이나 어떤 잔꾀도 소용없을 것이다. 하나님은 내가 모든 것을 그분께 맡기고 이렇게 고백하기를 변함없이 기다리실 것이다.

"주님, 제 자신의 힘을 포기합니다. 저는 아무 능력이 없습니다. 주님이 제 힘이시며, 멀린 캐러더스가 아닌 다른 강연자를 사용하실 모든 곳에 대해 감사합니다."

강연을 좋아하는 내가 이렇게 말하기가 쉽지는 않다. 나는 하나님 역사의 일부가 되기를 원한다. 그러나 그것이 내 역사가 아니라 하나님의 역사임을, 그리고 내가 이 세상에 오기 훨씬 이전에 그 역사가 시작되었던 것처럼 내가 죽은 후에도 오랫동안 계속될 것을 안다.

어떻게 하면 하나님이 우리의 모든 능력이 되시는 경지에 이를 수 있는가? 우리가 자신의 능력을 사용하는 한, 하나님은 우리를 통해 그분의 능력을 사용하지 않으신다. 우리 힘을 내려놓아야만 비로소 다윗의 고백을 깨달을 수 있다.

주께 힘을 얻고 그 마음에 시온의 대로가 있는 자는 복이 있나이다

시 84:5

벤저민 프랭클린(Benjamin Franklin)은 "주님은 스스로 돕는 자를 도우신다"라고 말했다. 하지만 이 말은 진실과는 거리가 멀다. 주님은 속수무책인 자를 도우신다. 그렇다고 속수무책이 되는 것만으로는 충분하지 않다. 우리는 스스로 도우려 애쓰기를 포기하고 하나님께 굴복해야 한다. 우리 자신의 힘은 허상일 뿐이지만, 여전히 우리는 그것에 집착하며 포기하려 하지 않는다. 하나님이 우리의 능력이 되어 주시기를 원한다면, 하나님께 이렇게 말할 수 있어야만 한다.

"나 자신의 모든 능력을 하나님께 맡깁니다. 이제부터 하나님이 저의 유일한 능력이 되어주시기를 원합니다."

당신이 이렇게 말하고 나서도 점점 더 피곤함을 느낀다면, 하나님을 찬양하라! 하나님은 당신이 힘을 소진하도록 하고 계시며, 그것이 모두 사라지고 나면 당신은 당신이 있어야 할 곳, 즉 모든 것을 하나님께 의지하는 곳에 있게 될 것이다. 마침내 당신은 다윗과 함께 이렇게 고백할 수 있게 될 것이다.

> 여호와는 나의 힘과 나의 방패이시니 내 마음이 그를 의지하여 도움을 얻었도다 그러므로 내 마음이 크게 기뻐하며 내 노래로 그를 찬송하리로다 시 28:7

07
시선을 고정하라

시력검사에 이런 게 있다. 의사가 내 앞에서 카드 한 장을 들고 이렇게 말한다.

"여기를 보세요. 그리고 제 다른 쪽 손이 보이면 말씀해주세요."

그리고 나서 의사가 내 머리 뒤에서부터 손을 올리면 이내 관자놀이 방향에서 의사의 손이 보이기 시작한다. 당신은 여전히 앞쪽의 카드를 똑바로 보고 있지만 의사의 손도 볼 수 있다.

하나님은 우리 육체의 눈뿐만 아니라 영적인 눈에도 이런 능력을 주셨다. 그래서 우리가 그리스도를 바라보고 있을 때, 동시에 관자놀이 방향에서 우리의 주의를 끌려는 다른 무언가가 등장한다. 이제부터는 우리 몫이다. 우리는 주변의 소란을 무시하고 그리스도께 모든 관심을 집중할 수도 있고, 다른 데로 관심을 돌릴 수도 있다. 아니면, 우리 대부분이 그러하듯, 앞뒤를 살피면서 이러지도 저러지도 못한 채, 그 중간 어딘가에서 망설일 수도 있다. 마지막 범주에 해당한다면, 당신은 야고보가 말하는 부류의 사람이다.

두 마음을 품어 모든 일에 정함이 없는 자로다 약 1:8

두 마음을 품은 사람만큼 비참한 사람도 없다. 우리는 때로 하나님을 믿는다고 확신하지만, 바로 다음 날에는 확신이 사라진다. 예수님은 이렇게 말씀하셨다.

네 몸의 등불은 눈이라 네 눈이 성하면 온몸이 밝을 것이요 만일 나쁘면 네 몸도 어두우리라 눅 11:34

예수님은 의심하게 하고 하나님과 다른 것 사이에서 우리의 관심을 분산시키는 것은 악이라고 하신다. 이 말씀은 어려운 듯 보이지만, 예수님이 주신 가장 첫째 되고 큰 계명을 기억해보라.

예수께서 이르시되 네 마음을 다하고 목숨을 다하고 뜻을 다하여 주 너의 하나님을 사랑하라 하셨으니 마 22:37

두 마음을 품는 것은 '불확실'이라는 비참한 상황이며, 또한 죄가 된다. 하나님은 이스라엘 백성에 대해 이렇게 말씀하셨다.

> 그러므로 내가 이 세대에게 노하여 이르기를 그들이 항상 마음이 미
> 혹되어 내 길을 알지 못하는도다 하였고 히 3:10

하나님은 이스라엘 백성이 하나님만 계속 바라본다면 그들에게 젖과 꿀이 흐르는 아름다운 땅을 주겠다고 약속하셨다. 하지만 다른 곳을 바라본 그들은 그 기회를 망쳐버렸고, 약속의 땅을 잃게 되었다.

두 마음의 전쟁

두 마음을 품는 것은 어떤 결과를 초래하는가? 관자놀이 방향에 보이는, 당신이 그리스도를 외면하게 만드는 그것은 무엇인가? 우리의 관심을 많이 끄는 것 중 하나는 육체다. 태어나면서부터 우리는 몸이 우리에게 말하는 것에 반응해왔다. 배고픔, 따뜻함, 추위, 연약함, 강함, 고통, 졸림, 가득한 욕망을 느끼며, 마음은 이러한 감정을 '사실'로 해석하곤 한다. 즉, 우리가 느끼는 것이 바로 우리 자신이며, 그러므로 감정이 지시하는 대로 행동해야 한다고 생각한다.

그런데 그리스도인이 되면 성령님이 우리 몸에 들어오시며 우

리 삶에 새로운 목소리가 생겨난다. 성령님은 우리 생각 가운데 말씀하시는데, 대개는 우리 감정과 직접적으로 불일치하는 방법으로 말씀하신다. 우리 내면에서 갑작스럽게 전투가 벌어진다.

이것이 우리가 가진 두 마음의 시작이다. 거듭난 그리스도인은 모두 두 마음과 함께 새로운 삶을 시작한다. 우리 영혼은 예수 그리스도께서 결정적으로 승리하신 전쟁터이긴 하지만, 우리 관심이 한 가지 생각과 마음으로 하나님께 집중할 때까지 우리 각자는 '믿음의 선한 싸움'을 싸워야 한다.

믿음의 선한 싸움을 싸우라 영생을 취하라 이를 위하여 네가 부르심을 받았고 많은 증인 앞에서 선한 증언을 하였도다 **딤전 6:12**

자신이 두 마음을 품고 있다는 것을 깨닫지 못하는 사람이 많다. 이들은 모든 생각이 자기 머리에서 비롯한다고 가정한다. 그런데 자신의 진짜 상태에 대해 경고를 받으면 생각 정리를 시작할 수 있다. 우리에게는 머릿속에 떠오르는 생각을 멈출 능력이 없지만, 하나님은 그런 생각이 떠올랐을 때 어떻게 할지 결정할 수 있는 힘을 우리에게 주셨다.

그러므로 형제들아 우리가 빚진 자로되 육신에게 져서 육신대로 살

것이 아니니라 너희가 육신대로 살면 반드시 죽을 것이로되 영으로써 몸의 행실을 죽이면 살리니 **롬** 8:12,13

자신의 감정과 생각 대신 하나님의 음성을 따르기로 결정함으로써 우리는 본능적인 행동을 차단할 수 있다. 오래된 본능의 끌림을 거부할 힘이 우리에겐 없다. 하지만 하나님께 굴복하고 우리 시선을 그리스도께 고정하면 하나님의 능력이 우리의 옛 본성을 이긴다.

우리가 생각을 정리할 때 사탄은 언제나 우리의 옛 본성에 호소하고 감정을 자극하지만, 성령님은 하나님 말씀이 무엇을 말하는지 알려주신다는 것을 알아야 한다. 그러고 나면 안과 진료실에서와 비슷한 상황에 맞닥뜨리게 된다. 성령님은 이렇게 말씀하신다.

"이쪽을 보려무나. 하나님이 하시는 말씀이 여기에 있다. 네 시선을 예수께 집중하렴."

그때 사탄이 뒤에서 나타나 이렇게 속삭인다.

"하나님은 네 상황 따위엔 관심도 없어. 하나님의 임재가 느껴지지 않잖아, 그렇지?"

당신은 어떻게 하겠는가? 망설이며 이렇게 말할 것인가?

"마, 마, 맞아. 아무것도 느껴지지 않아. 어쩌면 하나님은 날 떠나셨는지도 몰라….”

아니면 당신이 두 마음을 품고 있음을 고백하고 당신이 무엇을 느끼건 그렇지 않건 간에 하나님 말씀을 믿기로 결심하겠는가?

성령님은 우리가 그리스도 안에서 그분의 완전한 평안을 얻을 수 있다고 말씀하신다(요 14:27 참조). 그러나 우리가 처한 상황이 너무나 비참하기 때문에 평안과는 거리가 먼 것처럼 느낀다. 이럴 때는 어떻게 해야 하는가? 우리의 옛 본성은 평안이 없는 것을 상황 탓으로 돌리지만, 하나님 말씀은 우리가 감사 기도를 통해 세세한 필요까지 하나님께 말씀드리고 염려를 내려놓는다면, 인간의 지각을 뛰어넘는 하나님의 평안이 그리스도 예수 안에서 우리 마음과 생각을 끊임없이 지켜주실 거라고 말씀한다(빌 4:6,7 참조). 우리 마음과 생각이 상황이 아닌 예수님에게 집중되어 있을 때 우리가 완전한 평안을 누리게 된다고 약속한다.

그리스도 안에서 상황과 감정이 우리 삶을 좌우하지 않도록 선택할 수 있는 자유를 갖는다는 것이 놀랍지 않은가? 그 사실만으로도 우리가 기뻐 소리치고 하나님을 찬양할 수 있는 이유가 되지 않는가?

당신만의 특별한 연약함이 무엇이든 간에, 옛 감정은 당신이 여전히 옛날과 똑같은 사람이라 말하며 거기서 말썽을 부릴 것이다. 그러나 하나님 말씀은 그리스도 안에서 당신은 새로운 피

조물이라고 말씀한다(고후 5:17 참조). 당신은 누구의 말을 믿을 것인가?

성령께 순종하고 옛 감정을 하나님께 맡김으로 본능적인 행동을 차단할 때마다 우리가 품은 두 마음은 믿음으로 바뀌어간다. 그리고 믿음은 우리가 이렇게 말할 수 있도록 해주는 특성이다.

"하나님, 제 감각과 감정이 아무리 아니라고 해도 저는 하나님을 믿습니다."

두 가지 생각 사이에서 망설일수록 믿음은 약해진다. 그럴 때면 우리는 이렇게 말한다.

"하나님, 하나님이 만약 제가 기분 좋게 변화를 받아들일 수 있게 하시거나, 제 눈으로 기적을 볼 수 있게 해주신다면 훨씬 믿기가 쉬울 것 같습니다."

하지만 기적을 보거나 느낄 때는 믿음을 발휘할 필요가 없다. 상황이 잘못되어 낙담할 때가 믿음을 실천할 기회다.

성령님은 이렇게 말씀하신다.

주 안에서 항상 기뻐하라 내가 다시 말하노니 기뻐하라 빌 4:4

기쁨이란 결국 우리가 느끼는 것이기에 이는 불가능해 보인다. 그렇지 않은가? 하지만 우리는 기쁨으로 충만하라는 명령을 받았고, 하나님은 우리가 할 수 없는 일을 명령하지 않으신다. 따라서 항상 기뻐하는 것은 분명히 가능한 일이다.

진정한 기쁨을 알게 되는 곳

우리는 행복한 상황이 기쁨을 가져다준다고 생각하는 데 익숙하다. 하지만 하나님은 우리가 기쁨의 진짜 근원을 발견하기 원하신다.

다윗은 이렇게 고백한다.

> 주께서 생명의 길을 내게 보이시리니 주의 앞에는 충만한 기쁨이 있고 주의 오른쪽에는 영원한 즐거움이 있나이다 시 16:11

다윗이 어떤 상황에서 하나님의 임재가 주는 영원한 즐거움과 충만한 기쁨을 경험하는 법을 배웠다고 생각하는가? 어쩌면 자기를 죽이려는 사울에게 쫓기며 동굴 속에 숨어 있을 때가 아니었을까?

옥에 갇힌 바울과 실라는 등에서는 피가 나고 두 발에는 차꼬가 채워진 상황에서도 삶의 기쁨을 경험하는 듯 행동하면서 하나님을 찬양했다(행 16:22-25 참조). 공산당이 집권하던 동유럽의 감옥에서 수년 동안 고통을 당했던 리처드 웜브란트(Richard

Wumbrand)는 그곳에서 고문당하는 동안 하나님의 임재의 기쁨을 발견했다고 말한다. 베트남에 있었던 그리스도인 수감자들도 같은 현상을 보고한다. 그들이 하나님의 임재하심 가운데 진정한 기쁨을 발견한 곳은 가장 어두운 지하 감옥이었다고 말이다. 가장 막막했던 순간 하나님의 빛이 비쳤다고 말하는 수감자들의 편지를 우리는 매일같이 받는다.

인간은 안락함의 노예다. 우리가 원하는 대로 만사가 흘러갈 때 하나님의 임재를 경험하는 방법을 가장 잘 배울 수 있다고 믿도록 격려하는 이가 누구라고 생각하는가? 즐거운 상황에서는 대개 하나님이 아니라 자신이 좋아하는 사물이나 사람에 관심을 집중한다. 오히려 상황이 어려울 때 그 상황에서 눈을 돌려 하나님과 함께함으로 더 깊은 기쁨을 발견하는 법을 배운다.

병에 걸렸을 때, 하나님이 우리를 치유하실 수 있다는 것을 가장 잘 알 수 있다. 궁핍할 때, 하나님이 우리의 필요를 채우신다는 것을 깨달을 수 있다. 슬플 때, 하나님이 우리를 위로하신다는 것을 알 수 있다. 그러나 문제 자체에만 관심을 집중하기로 마음먹는다면 우리는 아무것도 배울 수 없다. 그저 더 아프고 가난하고 슬퍼지기만 할 것이다.

얼마 전에 자기 딸에게 구애하고 있는 젊은 남자에게 그녀의 아버지가 하는 말을 들었다.

"나는 자네가 매 순간 내가 여기 있다고 생각하고 내 딸을 대해주면 좋겠네."

육신의 아버지가 딸을 위해 이런 것을 바란다면, 하늘에 계신 아버지는 우리를 위해 무엇을 바라실 거라 생각하는가? 하나님은 매 순간 우리와 함께하시고, 우리가 그것을 믿음으로 행동하기를 원하신다. 감정은 당신이 사랑스럽다고 말하겠지만, 하나님 말씀은 하나님이 당신과 함께하신다고 말씀한다. 당신은 어떤 말을 믿겠는가? 잘 모르겠다면, 두 마음을 품은 것을 한 번 더 회개하고 예수님을 바라보아야 한다. 그렇게 할 때마다 당신의 믿음은 성장하고, 하나님의 임재하심과 기쁨이 더욱 당신에게 현실로 다가올 것이다.

하나님이 문제와 고통을 사용하셔서 우리를 그분의 임재 가운데 더 깊은 기쁨으로 인도하심을 믿기로 결심하면, 문제가 생겼을 때에도 진심으로 기뻐할 수 있다. 옛 감정들을 하나님께 맡기고 기쁨의 찬양 가운데 모든 관심을 그리스도께 집중하기로 선택할 수 있다.

믿음의 걸림돌들

일부 이단 종교들은 우리 육체와 본성이 악하기 때문에 무시하거나 부정해야 한다고 가르친다. 이는 하나님이 성경을 통해 우리에게 하신 말씀을 왜곡한 것이다. 하나님은 인간의 몸을 창조하시고 우리에게 본능과 감정을 주셨다. 우리가 그것을 모두 하나님께 드린다면, 그것은 마치 씨앗처럼 땅에 떨어져 새롭고 아름다운 식물로 모습을 드러낼 것이다. 하나님께 완전히 드려진 육신과 감정은 우리가 여전히 이 땅에 사는 동안에도 새로운 삶을 맞이하게 한다. 우리는 더 나은 건강과 넘치는 활력을 마음껏 누리게 될 것이고, 그리스도 안에서 새로운 기쁨을 경험하게 될 것이다.

자신의 감정 대신 성령께 충성하기로 하면, 우리의 까다로운 오랜 본성은 죽게 된다. 새로운 당신은 육체적, 감정적, 영적 존재를 아우르는 방법을 통해 하나님의 임재하심이 주는 영원한 즐거움을 경험할 수 있다.

육체 다음으로 많은 사람의 믿음에 큰 걸림돌이 되는 것은 시간 개념이다. 우리는 시간 순서대로 사건을 구분하는 자연계에 살며, 우리의 시간 개념을 영원하신 하나님과의 관계에 투영한다. 그러나 시간을 창조한 분은 하나님이시다. 그러므로 하나님은 시간을 사용하시지만, 시간의 제약을 받지는 않으신다.

사랑하는 자들아 주께는 하루가 천 년 같고 천 년이 하루 같다는 이 한 가지를 잊지 말라 **벧후 3:8**

하나님에게는 과거나 미래가 없으며, 계속 진행 중인 지금만 있다. 예수님은 혼란스러워하는 유대인들에게 이렇게 말씀하셨다.

예수께서 이르시되 진실로 진실로 너희에게 이르노니 아브라함이 나기 전부터 내가 있느니라 하시니 요 8:58

우리에게 익숙한 시간 차원을 걷어낸다면, 바로 지금, 우리 죄를 위해 십자가에 달리신 예수님을 볼 수 있을 것이다. 또한 바로 지금, 무덤에서 부활하신 예수님도 볼 수 있을 것이다.

하나님의 기도 응답을 그 결과를 보는 데 걸리는 시간으로 측정하는 것은 달력으로 몸무게를 재는 것과 같다. 시계나 달력은 그런 용도로는 전혀 신뢰할 수 없으므로 좀 더 신뢰할 만한 다른 것으로 관심을 돌리는 편이 낫다. 성경은 이렇게 말한다.

그를 향하여 우리가 가진 바 담대함이 이것이니 그의 뜻대로 무엇을 구하면 들으심이라 우리가 무엇이든지 구하는 바를 들으시는 줄을 안즉 우리가 그에게 구한 그것을 얻은 줄을 또한 아느니라 요일 5:14,15

하나님의 차원에서 우리는 이미 응답받았다. 당신은 이렇게 말할 수도 있다.

"하지만 제가 이해하는 시간은 그런 게 아닙니다. 그건 지금 이 순간 저에게 아무 도움도 되지 않는다고요!"

당신이 그리스도인이라면, 당신은 이미 하나님의 영원한 차원 곧 그분의 영원한 현재에 들어와 있다.

> 내가 하나님의 아들의 이름을 믿는 너희에게 이것을 쓰는 것은 너희 로 하여금 너희에게 영생이 있음을 알게 하려 함이라 **요일 5:13**

두 마음을 품은 이들은 하나님이 언젠가 우리의 기도에 응답 하실 것을 확신할 만큼 충분한 믿음을 끌어모으려 애쓰면서도 이 세상의 시계와 달력을 곁눈질한다. 하지만 이런 방법은 절대 통하지 않는다. 어떤 시간 계획 - 하나님의 시간 계획 혹은 우리 의 낡은 시간 계획 - 을 따를지 결정할 능력은 우리에게 있다.

다윗은 그 작동 원리를 발견하고 이렇게 썼다.

> 나의 앞날이 주의 손에 있사오니 내 원수들과 나를 핍박하는 자들 의 손에서 나를 건져 주소서 **시 31:15**

이는 당신에게도 해당한다고 성령님은 말씀하시지만, 이 물질 세계와 그 시간표에 여전히 붙들려 있는 과거의 당신은 이렇게 말할 것이다.

"이봐요, 벌써 6개월이 지났는데 하나님은 제 기도에 응답하지 않으셨어요. 아마 앞으로도 절대 응답하지 않으실 거예요."

당신은 시간의 노예가 될 수도 있고, 하나님이 우리에게 주신 시간을 어떻게 사용할 수 있는지 하나님이 우리를 가르치시게 할 수도 있다. 그러면 시간이 너무 많거나 너무 없다고 걱정할 필요가 없을 것이다. 하나님은 우리가 하기 원하시는 일을 하는 데 필요한 시간을 정확하게 주신다. 당신이 너무 어리다고 느끼는가? 혹은 너무 빨리 늙어가고 있다고 느끼는가? 당신은 지루한가, 아니면 언제나 서두르는가? 당신의 시간을 하나님께 맡기라. 당신이 품은 두 마음을 고백하라. 하나님은 당신을 용서하시고 당신의 시간 관리를 기꺼이 도맡아주실 것이다.

기도가 응답되기만을 기다리고 있다면 엉뚱한 방향을 바라보고 있는 것이며, 시간이 지나고 날이 갈수록 믿음이 약해지는 것을 방치하는 것이다. 그 대신에 당신은 흘러가는 매시간이 당신의 믿음을 강하게 하도록 선택할 수도 있다. 예수께 시선을 고정하고, 하나님의 시간 차원에서 모든 기도는 이미 응답받았음을 스스로에게 상기시키라. 그러고 나서 당신의 믿음을 실천할 기회에 대해 기뻐하라. 역도 선수가 매일 조금씩 더 오랫동안 역기를 들어 근육을 강화하는 것처럼, 세상의 시계가 뭐라 말하건 간에 매초, 매분, 매시, 매일 하나님을 믿기로 한 결심을 붙들면 우리의 믿음은 성장한다. 우리는 아직 보지 못한 것을 믿는 연습을 하고 있으며, 믿음이 성장할수록 우리 마음은 점점 더 하나가 되고, 우리 비전은 더 합심하게 된다. 그리고 하나님 아버지와의 하나 됨에 더욱 가까워진다.

불평 대신 감사하라, 찬양하라

나는 사람들이 약속에 늦을 때면 극도로 짜증을 내곤 했다. 이 사람들이 내가 이해하는 것만큼 시간의 소중함을 이해하지 못했기 때문에 나는 두통과 복통에 시달리곤 했다. 그들은 시간 낭비를 예사로 여겼다!

한번은 텔레비전 프로그램에 출연하기로 되어 있었다. 다른 목사님 한 분이 프로그램 앞부분을 맡고, 나는 그다음에 인터뷰를 하기로 되어 있었다. 하고 싶은 중요한 말이 많았던 나는 한쪽 눈을 시계에 고정한 채 그 목사님이 끝나기만을 기다렸다. 그런데 시간이 다 되었는데도 그 목사님은 계속 말을 이어갔다. 사회자가 저지하려 했지만, 그의 말을 멈출 수 없었다. 나는 생각했다.

'주님, 이건 망신스러운 일입니다! 저 사람이 제 시간을 허비하고 있습니다. 우리가 더 중요한 일을 할 수 있게 저 목사님의 입

을 좀 닫아주세요!'

마침내 그 목사님이 말을 끝냈을 땐 불과 몇 분밖에 남아 있지 않았다. 나는 내 기도가 완전한 진심은 아니었다는 것을 고백할 수밖에 없었다.

"주님, 원하신다면 언제든 저 목사님의 입을 닫으실 수도 있었을 겁니다. 그렇게 하지 않으셨다는 건, 저를 여기 앉아 기다리도록 하신 이유가 분명히 있으셨기 때문일 겁니다. 오늘 일어난 모든 일에 감사합니다. 다른 목사님을 비판했던 저를 용서하십시오. 그리고 제게 주어진 몇 분을 통해 하나님이 하실 일에 대해 감사합니다."

방송과 관련된 설명을 들을 시간도 없었다. 나는 단도직입적으로 시청자들에게 말했다. 자신이 가진 문제에 대해 불평하는 대신 하나님께 감사하면 그분이 놀라운 방법으로 응답하실 거라고 도전했다. 부모들에게는 가출한 자녀에 대해, 아내들에게는 늘 집을 비우는 남편에 대해 하나님을 찬양하라고 격려했다. 아픈 사람들에게는 질병 가운데 기뻐하라고, 재정적인 어려움을 겪고 있는 사람들에게는 지불하지 못한 청구서에 대해 기뻐하라고 격려했다.

몇 분 지나지 않아 방송국 전화가 울리기 시작했다. 시청자들의 반응이 너무나 이례적이어서 사회자는 방송국 관리자로부터 정규 편성 시간 이후에도 프로그램을 계속 진행하라는 지시를 받았다.

감사 기도의 놀라운 결과를 전하는 시청자들이 늘어나며 계속 사연이 들어왔다. 한 어머니는 6개월 동안 행방을 알 수 없었던 아들에 대해 감사했다. 그리고 나서 몇 분 후에 누군가 문을 두드렸다. 문밖에 서 있던 아들은 집으로 다시 돌아와도 되느냐고 물었다. 어떤 아내는 알코올 의존증 남편에 대해 감사했다. 그런데 그 남편이 텔레비전을 보던 아내에게 말을 걸더니 10년 만에 처음으로 술 생각만으로도 역겨운 기분이 들었다고 했다고 전해왔다.

나는 '시간이 부족해서' 하나님의 메시지가 전달되지 못할 수도 있다고 생각했다. 하나님은 모든 시간의 주인이시라는 사실을 잊고 있었다. 하나님은 태양을 앞으로도 뒤로도 움직이실 수 있는 분이다(하나님이 그렇게 하신 일이 역사에 기록되어 있다). 시간이 충분하지 않다면 하나님은 더 많은 시간을 만드실 수 있다. 하나님은 하루를 천 년으로 만드실 수 있는데, 하나님의 자녀인 내가 걱정하는 것이 얼마나 말도 안 되는 일인가.

내 순서를 기다리는 동안 나의 관심은 예수께 집중되어 있지 않았다. 오히려 옛 시간 개념을 가지고서, 하나님이 상황을 통제하지 않으신다고 확신했다. 나는 두 마음을 품은 죄를 고백하고 끝없는 하나님의 인내하심과 자비로우심에 대해 감사해야만 했다. 하지만 진작부터 내가 마음 써야 할 곳에 마음을 썼더라면 불필요한 긴장을 겪지 않아도 되었을 것이다.

마음은 우리를 통제하는 본부다. 우리는 여기에 감각과 감정에서 생겨난 충동을 기록한다. 새로운 인상을 우리 감정과 축적된 지식과 비교하여 이해하며, 어떤 상황에 대해 어떻게 행동하거나 반응할지 결정한다.

사탄은 우리의 이해력에 호소하기 좋아한다. 사탄이 너무나도 영리한 생각들을 우리 마음에 집어넣기에, 우리는 그것을 생각하는 것만으로도 자랑스러워한다. 사탄은 우리 자신의 행동과 생각을 합리화하고 성령님이 우리에게 하시는 말씀은 무엇이든 의심하도록 부추긴다. 사탄의 목적은 언제나 우리의 관심을 하나님에게서 다른 곳으로 돌리는 것이다. 일단 그 목적을 달성하면, 그들이 준비한 함정 속으로 우리가 빠르게 빠져든다는 것을 사탄은 알고 있다.

어떻게 하면 설교에서 이를 가장 잘 보여줄 수 있을지 궁금해하던 나는 이렇게 생각했다.

'나는 이 주제에 대해 내가 어떤 말을 하기를 하나님이 원하시는지 알아내려고 애쓰고 있어. 그런데 사탄도 내 관심을 끌려고 애를 쓰는 게 분명하단 말이야. 사탄이 무슨 말을 할 수 있을까?'

바로 그때, 이런 생각이 떠올랐다.

'어쩌면 난 올바른 메시지를 준비하고 있지 않은 것 같아!'

한동안 마음속으로 곰곰이 생각해보았다. 분명 맞는 말이었다. 나는 무슨 말을 해야 할지 알 수 없었다. 올바른 메시지였다면 하나님이 조금이라도 아이디어를 주셨을 것이다. 그렇지 않은가?

나는 혼잣말로 외쳤다.

"주님이 적절한 말을 주실 것을 확신합니다…."

하지만 그렇게 말하면서도 마음속으로는 이런 생각을 하고 있었다.

'나는 주님이 내가 할 말을 보여주실 만큼 주님을 신뢰하지 못하는 게 분명해. 그게 아니라면 지금쯤 뭔가 생각났겠지. 게다가 그 주제에 대해서 가치 있는 이야기를 할 수 있다 한들, 사람들이 내 말을 이해하지 못할 게 분명해!'

자리에 앉아 생각하던 나는 너무 낙담한 나머지 펜을 내려놓고 이렇게 중얼거렸다.

"애써봤자 소용없어. 최선을 다해도 어차피 부족할 테니!"

내 관심은 어디에 집중되어 있었는가? 예수님이 아니라 사탄이 내 마음속에 불러일으킨 생각들이었다. 우리가 사탄을 내버려두면, 그는 우리를 약탈하고 속이고 우리의 모든 평안과 기쁨과 믿음을 빼앗을 것이다. 하지만 우리가 사탄을 내버려두는 경우에만 그렇다.

어쩌면 당신은 사탄이 그럴 수도 있다는 사실을 믿지 않을 것이다. 당신은 스스로 이성적이고 똑똑한 인간이며 누구도 당신의 생각을 침범할 수 없다고 생각한다. 하지만 사탄이 자신은 존재하지도 않으며, 당신 머릿속에 아무 말도 하지 않는다는 기막힌 거짓말을 한다는 사실을 알고 있는가? 우리는 자신의 똑똑함을 자랑스러워하지만, 사탄은 이 사실을 그 누구보다도 잘 알고 있다. 그래서 사탄은 매우 합리적이며 논리적인 주장을 하면서 지성에 대한 우리의 자부심에 호소한다. 이에 하나님 말씀은 우리에게 경고한다.

너는 마음을 다하여 여호와를 신뢰하고 네 명철을 의지하지 말라
잠 3:5

하나님이 나에게 이해할 수 있는 능력을 주신 것이 너무 기쁘지만, 나의 이해력 때문에 하나님이 하시는 말씀을 믿지 못하게 된다면 이해력을 잘못 사용하는 것이다. 사람들은 종종 자신이 이해하지 못하는 성경 구절을 가지고 나에게 찾아오는데, 가끔은 나도 그 말씀을 이해하지 못한다고 말해야 할 때가 있다. 그

러다 한 번쯤 우리는 이렇게 말한다.

"하나님이 왜 이런 일을 하시는지 알고 싶어요."

"저게 무슨 뜻인지 이해할 수만 있다면 좋으련만."

성경에 이해할 수 없는 말씀들이 나올 때면 거기에 집중할 수는 있지만 이내 완전히 혼란에 빠진다. 내가 정말로 이해하는 것들에 집중할 수 있다면 얼마나 좋겠는가. 하나님이 나를 사랑하시고, 하나님이 내 삶 가운데 행하시는 모든 것에 대해 내가 감사하기를 원하신다는 것을 지금의 내가 이해하기는 쉽다. 그것에 대해 생각하는 것만으로도 나는 즐거워진다. 하지만 이따금 사탄이 내 머릿속에 이렇게 속삭이는 것을 나는 알고 있다.

"멀린, 네가 이해하지 못하는 것들에 대해 걱정해야 하는 거 아냐? 어쨌거나 너는 목사니까 사람들이 답을 구하러 찾아올 텐데."

꽤 합리적으로 들리지 않는가? 하지만 이 말이 어떤 결과를 가져올지 나는 경험으로 알고 있다. 그래서 이제는 성경에서 어려운 구절과 맞닥뜨리면 예수님을 바라보고 성령님의 조언을 따른다.

너희 중에 누구든지 지혜가 부족하거든 모든 사람에게 후히 주시고 꾸짖지 아니하시는 하나님께 구하라 그리하면 주시리라 **약 1:5**

오직 성령님만이 하나님이 우리가 이해하기를 원하시는 것들에 대해 우리 눈을 열어주실 수 있다. 그래도 내가 여전히 그 말씀을 이해할 수 없다면 나는 내가 확신하는 것에 집중하기로 선택할 수 있다. 하나님은 나를 사랑하시므로 내가 이해하기를 원하신다면 이해하게 될 것이다. 그러므로 나는 모든 것을 아시는 하나님 아버지께 내가 모르는 것을 안심하고 맡길 수 있다.

우리의 이해력은 옛 본성에 속한 나머지 특성과 같은 범주에 속한다. 우리의 이해력을 우리 힘으로 사용하려 하면, 우리가 품은 두 마음과 혼란 속에 우리를 가두게 된다. 반면 우리의 이해력을 하나님께 드리면 그것을 그분의 목적대로 사용하실 것이고, 우리 스스로는 절대 알아낼 수 없었던 것들을 우리가 이해할 수 있게 하신다는 것을 깨닫게 된다.

무엇을 바라보는가

왜 어떤 사람들에게는 기쁨과 즐거움이 넘치는 반면, 어떤 사람들은 비관적이고 우울할까? 나는 비슷한 상황에 있는 두 사람을 자주 관찰하곤 한다. 말기 암 진단을 받았거나 직장에서 해고된 사람들, 혹은 가까운 친척을 떠나보냈거나 아내에게서 이혼 통보를 받은 사람들이다. 그런데 한 사람은 비참한데, 다른 한 사람은 기쁨으로 빛난다. 왜 그런가? 한 사람은 예수께

초점을 맞추도록 배웠고, 나머지 한 사람은 그 문제만 바라보기 때문이다.

한 가지 실험을 해보자. 주변에 있는 물체 하나를 예수 그리스도라고 하고, 그 오른쪽이나 왼쪽에 있는 물체를 당신 삶에서 잘못되었다고 생각하는 모든 것이라고 해보자. 두 번째 물건을 잠시 바라보면서, 일어나기를 바랐지만 그렇지 않은 모든 것을 생각해보자. 모든 문제, 모든 까다로운 사람들, 모든 고통을 생각해보자. 잠시 마음속으로 그런 것들을 곰곰이 생각해보자. 정말로 비참한 기분이 들 것이다. 그렇지 않은가?

이제 예수님에 해당하는 물체를 바라보자. 예수님은 당신을 사랑하신다. 그분은 당신이 상상할 수 있는 모든 문제를 이겨내셨고, 당신이 지은 모든 죄를 용서하셨다. 그분의 사랑을 당신에게 보여주시기 위해 모든 사물과 모든 사람을 당신 삶에 보내셨다. 당신을 기쁨과 평안으로 가득하게 하시려고 그분이 오셨다. 이것만으로도 기분이 좋아지지 않는가? 아직 기분이 나아지지 않았다 하더라도, 이런 관점으로 보니 상황이 더 나아졌다는 것을 알 수 있지 않은가?

예수님은 우리 스스로 할 수 없는 일들을 우리 대신 하겠다고 말씀하시기 위해 이 세상에 오셨다. 우리가 문제와 고통을 무시한다고 해서 그것이 지워지지는 않는다. 우리가 할 수 있는 일이 있다. 지금 이 순간, 어쩌면 당신은 질병으로 너무 약해져 있고, 자기 문제로 너무 우울해 있고, 사람들의 오해와 학대로 아무것도 할 수 없다고 느끼고 있는지도 모른다. 하나님은 그런 당신이 얼마나 연약하고 미천한지 알고 계신다. 당신이 스스로 일어설 수 없다는 것도 아신다. 하지만 하나님은 그분이 당신에게 주신 능력으로 할 수 있는 한 가지 일을 당신이 하기 원하신다. 눈을 떠서 그분을 바라보는 것이다.

끝으로 형제들아 무엇에든지 참되며 무엇에든지 경건하며 무엇에든지 옳으며 무엇에든지 정결하며 무엇에든지 사랑 받을 만하며 무엇에든지 칭찬 받을 만하며 무슨 덕이 있든지 무슨 기림이 있든지 이것들을 생각하라 **빌 4:8**

예수님을 생각하라! 예수님은 찬양받기에 합당하신가? 주위의 어둠이 빛으로 바뀔 때까지, 그분이 어떤 분이신지, 어떤 일들을 하셨는지 곰곰이 생각해보라.

길을 걷다 마주친 누군가의 얼굴이 빛나고 기쁨으로 가득하다고 해서 그에게 아무 문제도 없다고 짐작하지 말라. 그에게는 당신보다 열 배가 넘는 문제가 있을지도 모른다. 혹 당신도 이렇게 말하지 않는가?

"왜 나는 저렇게 하지 못할까? 왜 나는 이렇게 비참하고 저 사람은 저렇게 행복할까?"

그 답은 당신이 알고 있다. 그는 예수께 관심을 집중하는 방법과 지옥 같은 삶으로 천국을 흘려보내는 방법을 깨달은 것이다. 당신에게도 똑같이 할 수 있는 능력이 있다. 이제, 문제가 닥치면 당신은 이렇게 말하면 된다.

"하나님을 찬양합니다. 이건 제 문제가 아니라 하나님의 문제입니다. 나의 관심은 바로 여기, 나에게 '너희는 마음에 근심하지 말라 하나님을 믿으니 또 나를 믿으라'(요 14:1)라고 말씀하시는 예수께 있습니다."

사탄은 우리 곁에서 속삭이며 걱정해야 한다고 상기시키고, 당신이 무엇을 하든 잘못될 것이라고 말한다. 하지만 사탄은 거짓말쟁이다. 당신이 하나의 시선과 하나 된 마음으로 예수님만 바라보기로 결심한다면 모든 것이 잘될 것이다. 잘못되는 일은 아무것도 없다. 하나님께 생각을 고정하라. 품고 있던 두 마음을 모두 회개하면 당신은 다윗과 함께 이렇게 노래하게 될 것이다.

하나님이여 내 마음이 확정되었고 내 마음이 확정되었사오니 내가 노래하고 내가 찬송하리이다 … 주여 내가 만민 중에서 주께 감사하오며 뭇 나라 중에서 주를 찬송하리이다 시 57:7,9

08
권위와 복종

제2차 세계대전에 참전하여 2년간의 복무를 마치고 제대하던 날, 나는 정말로 기뻐서 펄쩍펄쩍 뛰었다. 주님이 주시는 기쁨이라기보다는, 그저 '썩어빠져서 악취 나는 군대'를 벗어나게 된 것이 정말 기뻤다. 군에 있는 동안 매일 매 순간, 언제 일어나라, 무엇을 입어라, 무엇을 어떻게 하라는 소리를 듣는 것이 싫었다. 제대하는 것이 너무 기뻤던 나는, 사는 동안 다시는 군대 쪽은 돌아보지도 않겠다고 선언했다.

하나님의 시간표

신학교에서 학업을 마치고 하나님을 섬길 준비를 하고 있던 어느 날, 나는 이렇게 기도했다.

"주님, 제가 여기 있습니다. 제가 무엇을 하기 원하십니까?"

그때 주님의 말씀은 이것이었다.

"군종장교가 되어 군대로 돌아가거라!"

그 말씀을 받아들이기까지 꽤 오랜 시간이 걸렸지만, 결국 나는 3년 만에 군대로 다시 돌아가기로 마음을 먹었다. 물론 군에 있을 때 좋은 점도 있었지만, 나는 누군가의 명령을 듣는 것을 견디기가 어려웠다. 그런데 다시 입대하고 보니 현실은 내 기억보다 훨씬 좋지 않았다. 당시 나는 장교이자 군종장교였는데도 여전히 명령에 따라 일어나야 했고, 입으라는 것을 입어야 했고, 시키는 대로 정확하게 이부자리를 정리해야 했고, 주는 대로 먹어야 했다.

때로 군대에서는 이렇게 말했다.

"4시에 기상해서 5시 퇴근 후 6시 30분까지 행군한 다음, 야전 배낭을 풀고 검사를 위해 거기 서서 대기한다."

나는 부대원들과 함께 팔굽혀펴기를 하고 진흙탕 속을 기어야 했다. 구역질이 나고 짜증 나는 일이었지만, 이제 군종장교가 되었으니 그 일을 해야 하는 것은 물론이고 부대원들 앞에서 그것을 즐기는 척까지 해야 했다!

3년간의 복무가 끝날 무렵에는 이렇게 생각했다.

'주님을 찬양합니다. 이제 저는 제대합니다.'

하지만 주님이 분명히 말씀하셨다.

"멀린, 네가 조금 더 있어야 할 것 같구나."

그래서 1년을 더 복무했다. 그다음에는 5년, 6년, 그러다 결국 20년이 되어버렸다.

그렇게 시간이 흐르면서 내 안에서 뭔가가 일어나기 시작했다. 나는 그 시간 동안 하나님의 사랑과 그분이 나를 이렇게 힘든 곳에 보내신 까닭에 대해 더 많이 배워가고 있었다. 내 속에 있던 반항심이 잦아들었고, 얼마 후에는 명령에 복종하는 것을 정말로 기뻐하게 되었다. 이전의 나에게서는 찾아볼 수 없었던 복종하는 마음을 배웠는데, 그 복종 없이는 내가 하나님의 사랑과 내 삶을 향한 그분의 계획을 온전히 경험할 수 없음을 하나님은 알고 계셨다.

전제 조건이 있다

기독교에는 다른 것보다 이해하기 어렵고 받아들이기 힘든 것이 몇 가지 있다. 그중 하나가 복종이다. 그리스도인이 된 사람이 새로운 삶에 대하여 가장 먼저 듣게 되는 말씀은 이것이다.

> 영접하는 자 곧 그 이름을 믿는 자들에게는 하나님의 자녀가 되는 권세를 주셨으니 요 1:12

이 구절을 맨 처음 발견했을 때는 이렇게 생각했다.

'멋지네, 그 모든 권세가 내 것이라니!'
그러고 나서 더 좋은 소식을 접했다.

자녀이면 또한 상속자 곧 하나님의 상속자요 그리스도와 함께한
상속자니 우리가 그와 함께 영광을 받기 위하여 고난도 함께 받아
야 할 것이니라 **롬 8:17**

하나님의 아들과 함께한 상속자가 되어 이렇게 말하는 것을
상상해보라.

예수께서 나아와 말씀하여 이르시되 하늘과 땅의 모든 권세를 내게
주셨으니 **마 28:18**

정말 대단한 일이다! 하지만 나는 뭔가 어리둥절했다. 어쩌면
당신도 이해되지 않을 수 있다. 그 모든 권세가 당신 것이라면,
어째서 그 능력으로 아무것도 할 수 없단 말인가?
　예수님은 바람과 날씨에 대하여 권위가 있으셨다. 예수님은
폭풍우를 잠잠하게 하실 수도 있었는데, 당신이 마지막으로 폭
풍우를 잠잠하게 한 것은 언제였는가? 예수님은 물에 대하여 권
위가 있으셔서 그 위를 걸어가실 수도 있고, 세례를 받으러 그

아래로 들어가실 수도 있었다. 하지만 나는 아직까지 스스로 그런 선택을 해본 적이 없다.

복종이 필요한 이유가 바로 여기에 있다. 그리스도 안에서 우리의 권세는 우리가 그리스도께 복종할 때만 유효하다. 즉, 우리가 하나님의 자녀로서의 우리의 권세를 이해할 때까지, 그 복종은 진짜가 아니다! 우리는 이 두 가지 말이 동전의 양면과 같다는 사실을 기억해야 한다.

진품과 위조품

이 말이 혼란스럽게 들린다면, 이는 우리가 권위와 복종에 대해 완전히 잘못된 개념을 가지고 시작하기 때문이다. 우리 중에는 성장 과정에서 제멋대로 사는 법을 배운 이들이 있다. 그들은 다른 사람들에게 상황을 강요하고 조작하고 통제하는 법을 배웠다. 사람들은 이것을 '권위'라고 부른다. 우리 중 또 다른 일부는 절대 제멋대로 살 수 없다고 배우면서 자랐다. 이들은 너무나 연약해서 자신을 괴롭히거나 약점을 이용하는 사람들에게 맞서지 못했다. 사람들은 이것을 '복종'이라 부른다.

이 극단적인 두 부류 사이에 때로는 제멋대로 굴 계략을 세우고, 그 나머지 시간에는 사람이나 상황에 굴복할 수밖에 없다고 느끼는 이들이 있다. 이들은 부모님, 형제와 자매, 또한 자신을 해코지하려는 사람들로부터 시작해서 결국은 극한까지 압박받았다고 느끼기 때문에 하나님이 "복종하라!"라고 말씀하시는 것을 좋아하지 않는다.

최근에 우리는 수많은 '해방' 운동이 일어나는 것을 보고 있다. 그들은 우리에게 인간으로서의 '권리'가 있으며, 따라서 자기자신을 위해 일어서야 한다고 가르친다. 그러나 이런 운동들은 모두 권위와 복종에 대하여 똑같이 잘못된 개념에 기반하고 있다. 그들은 권위란 '정당하게' 당신의 것을 갖는 것을 의미하며, 복종이란 모든 사람이 당신을 짓밟고 지나가도록 내버려두는 것이라고 말한다.

권위와 복종에 대한 이런 생각이 진품을 모방한 위조품이란 것을 이해할 필요가 있다. 그렇기 때문에 이런 생각을 그리스도인의 삶에 적용해도 아무 효과가 없는 것이다.

진정한 권위는 우리에게 명령하거나 행동할 수 있도록 주어진 합법적이고 정당한 능력이지, 우리 자신을 위해 주장하는 것이 아니다. 마찬가지로, 진정한 복종은 다른 사람의 뜻에 우리 자신을 헌신하는 자발적인 행동이지, 우리에게 강요되는 것이 아니다. 그리스도인의 삶에서 권위와 복종은 서로 의지한다. 한쪽이 없다면 둘 다 효과가 없다. 예수님은 행동으로 그 원리를 우리에게 보여주시며 이렇게 말씀하셨다.

내가 내 자의로 말한 것이 아니요 나를 보내신 아버지께서 내가 말할 것과 이를 것을 친히 명령하여 주셨으니 요 12:49

명령하거나 행동할 수 있는 정당한 능력을 받으신 예수님은 하나님 아버지께서 어떤 말을 하라고 말씀하셨을 때만 권위 있는 말씀을 하셨다. 모든 권세를 가지신 성자 예수님은 자원하여 하나님 아버지의 뜻에 헌신하셨다. 예수님은 이렇게 말씀하셨다.

내가 아무것도 스스로 할 수 없노라 듣는 대로 심판하노니 나는 나의 뜻대로 하려 하지 않고 나를 보내신 이의 뜻대로 하려 하므로 내 심판은 의로우니라 요 5:30

예수 그리스도께서 하신 일 가운데 가장 능력 있는 일은 이 세상을 지배하는 사탄의 힘을 무너뜨린 것이다. 그분이 자신의 모든 권위를 사용하심으로 이 일을 행하셨는가? 그렇지 않다. 예수님은 복종하셨다. 십자가의 죽음 뒤에 숨어 있는 엄청난 능력은 그리스도의 완전한 복종이었다. 예수님은 한마디 말씀만으로, 또는 수많은 천사를 불러 고발자들을 죽이실 수도 있었다. 그랬다면 타락한 세상은 구원받지 못했을 것이고, 악에게 승리하지도 못했을 것이다. 예수님이 우리를 대신하여 죽으심으로 복종하셨기 때문에 오늘날 우리가 자유를 누리는 것이다.

예수님이 자신을 구원할 권위를 갖고 계시지 않았다면 십자가 사건 뒤에는 아무 능력도 없었을 것이다. 예수님은 이렇게 말씀하셨다.

> 이를 내게서 빼앗는 자가 있는 것이 아니라 내가 스스로 버리노라 나는 버릴 권세도 있고 다시 얻을 권세도 있으니 이 계명은 내 아버지에게서 받았노라 하시니라 요 10:18

하나님이 우리에게 바라시는 복종은 언제나 자발적인 순종이다. 우리가 그렇게 할 때, 하나님은 그분의 능력과 권세를 우리 상황에 베푸심으로써 응답하신다. 억지로 하는 복종은 그런 능력을 내보내지 않으며, 우리를 더 비참하게 만들 뿐이다.

옛 본성을 길들이는 유일한 방법

군사령관은 명령에 신뢰로 복종하는 부하들을 곁에 두고 싶어 한다. 그저 두려움 때문에 복종한다면 비겁한 군인이 될 것이며, 작전이 성공하려면 지휘관의 판단을 신뢰함으로 복종하는 부하들이 필요하다는 것을 알기 때문이다.

훈련이 잘된 개가 있다고 생각해보자. 개는 고개를 높이 쳐들고 있고, 꼬리는 균형이 잡혀 있으며, 아무리 하찮은 주인의 명령이라도 열심히 순종한다. 그들 사이에는 충성심과 신뢰라는 아름다운 관계가 형성되어 있다. 이제 무자비한 주인 앞에서 자기 꼬리를 다리 사이에 집어넣은 채 웅크리고 있는 개를 생각해보자. 이 개도 순종은 하지만 그것은 순종하지 않을 때 맞을 매가 두렵기 때문이다. 둘 사이에 사랑과 존경이라는 유대감은 없으며, 기회만 오면 그 개는 도망갈 거라는 걸 우리는 안다.

주인을 사랑해서 열심히 순종하는 개는 진정한 복종의 모습을 보여준다. 하나님은 우리에게 선택의 자유를 주셨다. 우리의 복종은 자발적이어야 하지만, 인간은 굴복이나 회개나 용서만큼이나 복종을 좋아하지 않는다. 우리는 제멋대로 하겠다고 소리를 지르고 고집을 부리며 이 세상에 왔기 때문에 복종은 언제나 우리의 옛 본성에 반할 것이다.

우리가 그리스도인이 될 때 그런 옛 본성을 하나님께 굴복하기란 어려운 일이다. 우리는 모든 통제권을 단번에 하나님께 넘겨드리는 것을 견디지 못하기에 한 번에 아주 조금씩 할 수 있을 뿐이다. 하나님이 우리에게 그분의 자녀가 될 수 있는 권세를 주신다는 영광스러운 소식을 알게 되었을 때 우리는 이렇게 소리치고 싶어진다.

"야호! 자유다! 하나님 외에는 그 누구도 나에게 권위를 가질 수 없다!"

맞는 말이다. 하지만 하나님은 당신에게 어떻게 하라고 말씀 하시는가?

"나는 네가 복종하기를 원한다. 내 말에, 내가 너를 보낸 그 상황에, 그리고 내가 너의 곁에서 함께하도록 보낸 사람들에게 말이다!"

우리는 왜 복종해야 하는가? 하나님은 우리의 옛 본성을 알고 계시며, 그것을 길들이는 유일한 방법은 복종뿐이기 때문이다. 모든 죄의 근원은 불순종과 반항이고, 그것은 하나님과 우리의 관계를 파괴한다. 예수님은 이렇게 말씀하셨다.

나더러 주여 주여 하는 자마다 다 천국에 들어갈 것이 아니요 다만 하늘에 계신 내 아버지의 뜻대로 행하는 자라야 들어가리라 마 7:21

하나님의 뜻에 복종하기를 거절하면 그리스도인의 삶은 멈춰 버린다. 우리는 그리스도와 하나가 될 수 없고, 그분의 사랑 안 에 거할 수도 없다. 우리에겐 평안이나 기쁨도 없을 것이다.

내가 아버지의 계명을 지켜 그의 사랑 안에 거하는 것같이 너희도 내

계명을 지키면 내 사랑 안에 거하리라 내가 이것을 너희에게 이름은
내 기쁨이 너희 안에 있어 너희 기쁨을 충만하게 하려 함이라 요 15:10,11

처음에는 다 어렵다

복종이 우리의 옛 습성과 정반대라면, 우리는 어떻게 그것을
배울 수 있는가? 우선 과거의 복종, 곧 당신이 통제할 수 없는
것에 굴복하고 분개하는 것은 복종이 아님을 인정하라. 이전의
반항심은 거두어가시고 진정한 복종, 즉 아버지와 하나가 되게
하고 당신 삶에 하나님의 능력과 권위가 드러나게 하는 그런 복
종을 가르쳐주시길 하나님께 간구하라. 예수님은 자신이 누구
인지 아셨기에 기꺼이 복종하셨다. 진정한 복종의 비결이 여기
에 있다. 우리는 자신이 누구인지 알아야만 한다. 당신은 자신
이 불쌍하고 푸대접 받는 인간이며, 상황에 쫓기고 있고, 하나님
에게서 잊혔다고 생각하는가? 그렇다면 당신은 진정으로 복종
할 수 있는 처지가 아니다. 마음속 깊은 곳에서 당신은 하나님
이 주신 모든 권리와 특권을 가진 그분의 자녀라는 것과 단 한
순간도 하나님의 사랑을 의심할 이유가 없음을 알아야 한다. 이
제 당신은 두려움 없이 복종할 수 있다. 복종에 필요한 유일하
고 진정한 바탕은, 하늘에 계신 우리 아버지의 사랑을 절대적으
로 확신하는 것이다.

부모에게 순종해야 하는 어린아이에게는 진정한 선택권이 없다. 그다음에는 자기가 반드시 순종할 필요가 없다는 것을 깨닫는 시기가 오는데, 그 시기에는 저항할 만큼 힘도 강해진다. 십대 청소년이 한 인간으로서 자신이 누구이며 자신의 권리와 책임이 무엇인지 깨닫고자 애쓰는 것을 본 적이 있는가? 그들은 이 과정에서 종종 모든 권위에 반기를 들고 부모와 말다툼하며 자기 '권리'를 주장하기도 한다.

그 십대 청소년이 부모의 사랑을 마음속 깊은 곳에서 알지 못한다면, 분노와 거부감이 심각해져서 공공연한 반항으로 끓어오를 수 있다. 오늘날 수많은 젊은이가 바로 그 함정에 빠져 있다. 위기를 통해 성숙과 진정한 복종에 이른 십대 청소년이나 청년은 자신이 사랑받고 있으며 부모가 자신에게 가장 좋은 것들을 주기 원한다는 사실을 아는 사람이다.

그리스도인인 우리가 그리스도 안에서 진정한 정체성을 찾기 위해 노력할 때 이와 유사한 위기에 맞닥뜨리게 된다. 복종을 통과해야 진정한 성숙에 이를 수 있는데, 하늘에 계신 아버지가 우리를 정말로 사랑하시며 우리에게 가장 좋은 것들을 주기 원하신다는 사실을 알지 못한다면 거기에 이를 수 없다. 그 깨달음은, 고집 센 우리의 옛 자아가 하나님이 우리에게 복종하기를 원하시는 어려운 상황에 맞서 싸우는 동안 폭풍우를 견디게 해주는 닻이다.

하나님의 사랑이 의심된다면, 당장 멈추어 서서 성경에서 하나님이 우리에게 말씀하시는 기본 진리를 몇 가지만이라도 다시 한번 살펴보라. 그 진리를 믿기로 결심했다면 당신은 하나님의 자녀다. 당신은 사랑받고 있다. 하나님이 당신을 위해 예수님을 보내 죽게 하셨기 때문이다. 눈에 잘 보이는 곳에 좋아하는 성경 구절을 붙여두고 거기에 당신의 생각을 붙들어 매라. 그 구절들을 큰소리로 자신에게 반복해서 말하라. 하나님이 말씀하시는 당신의 신분을 믿겠는가, 아니면 당신이 가진 의심에 집중하겠는가?

당신이 누구인지 알면 복종하는 것이 당신의 정체성에는 아무런 위협이 되지 않지만, 당신의 옛 본성은 파멸로 몰고 가기에 과거의 당신은 그토록 열심히 싸웠던 것이다.

처음에는 사소한 것들에 복종하는 것조차도 전쟁이다. 기꺼이 복종하겠다고 하나님께 말씀드리고 당신의 반항심을 고백하라. 당신이 복종하면, 내면에서부터 하나님이 당신을 바꾸시는 것을 발견할 수 있다. 이는 평생에 걸쳐 이루어지는 과정인데, 시작하기가 가장 어렵다. 한 걸음씩 나아갈수록 점점 쉬워질 것이다.

군대에서는 열심히 복종하는 병사가 상급자의 눈에 띄어 가장 먼저 진급한다. 진급할 때마다 병사는 복종에 대한 외적 요구는 줄어들고 자발적인 충성과 순종이 점점 자기에게 생겨난다는 것을 알게 된다. 그리스도인의 삶도 마찬가지다. 맨 처음엔 우리가 상황에 쫓기고 사방에 까다로운 사람들로 둘러싸여 있음을 알게 된다. 그러나 우리가 순종할 때, 그리고 하나님이 우리 마음속에서 그 순종으로 역사를 시작하실 때, 우리는 그리스도와의 새로운 하나 됨을 경험한다. 이제 우리는 진정한 순종이 고통스러운 상황과 관계가 주는 아픔을 덜어준다는 것을 알게 된다. 내가 군대에서 명령을 따르는 것을 기뻐했던 것과 마찬가지로 우리는 실제로 그것을 기뻐할 수 있다.

처음으로 순종하기 시작할 때 우리는 머뭇거리며 이렇게 말한다.

"하나님, 저를 향한 하나님의 뜻을 받아들이겠습니다만, 제 방식대로 했으면 좋겠습니다."

여전히 우리는 대부분의 결정을 스스로 내리면서 그리스도께는 고작 시간제 상담사 역할만 허락한다. 그다음에는 이렇게 말할 수 있다.

"제 삶을 더 잘 통제하는 방법을 예수님이 아시는 것 같다는 건 인정해요. 제가 힘들어질 때면 예수님의 가르침을 기꺼이 따르겠습니다."

어쩌면 우리는 삶에 대한 통제권을 절반만 예수께 맡긴 것 같다. 그러나 우리가 다음과 같이 말할 수 있을 때, 우리는 하나님이 우리에게 원하시는 성숙에 더 가까이 다가가게 될 것이다.

"주님, 제 뜻이 아니라 주님의 뜻만 행하기 원합니다."

함께 고난 받는 자가 영광도 함께 받는다

바울은 골로새에 있는 그리스도인들에게 이렇게 썼다.

> 우리가 그를 전파하여 각 사람을 권하고 모든 지혜로 각 사람을 가르침은 각 사람을 그리스도 안에서 완전한 자로 세우려 함이니 골 1:28

그리스도인의 완전함이란 무엇인가? 그것은 누군가 당신을 보고 오직 그리스도만을 보게 되는 것을 말한다. 하나님이 당신과 내 안에 변화를 만드실 방법은 오직 한 가지뿐인데, 그것은 우리의 복종을 통해서다.

우리가 하나님의 자녀이고 그분의 사랑을 받는다는 것을 알게 되면, 반항적인 옛 본성을 이길 권세를 하나님이 주셨다는 것도 알게 된다. 우리는 하나님이 허락하신 그 어떤 힘든 상황에서도 자발적으로 기꺼이 복종할 것을 결심할 수 있다. 그런 복종은 강력하다. 그것은 우리를 변화시킬 뿐만 아니라, 하나님의 능력과 권세를 우리 주변에 드러낸다. 더 많이 복종할수록 하나님의 능력이 더 많이 드러난다.

하나님의 자녀에게 고통은 절대 끝이 아니다. 사탄은, 만일 우리가 고통에 복종하면 언제나 고통 받게 된다고 말할 것이다. 하지만 사실은 정반대다. 당신은 25년형을 선고받고 감옥에 갇혀 있거나, 병원 침대에 누워 고통스러운 몇 달을 보내야 할 수도 있다. 어쩌면 경제적인, 혹은 개인적인 문제들이 쌓여서 당신을 부숴버리겠다고 위협하고 있을지도 모른다. 사탄은 당신이 상황의 피해자라고 속삭이지만, 사탄은 거짓말쟁이다. 그런 상황에 자발적으로 복종하고, 그에 대해 하나님께 감사함으로써 당신은 하나님의 사랑을 받는 자녀로서의 권리를 행사할 수 있다.

이제 악의 세력은 무너졌다. 당신과 당신이 처한 상황은 하나님의 손안에서 안전하며, 그분이 완전히 통제하신다. 당신 안에 있던 혼란이 하나님의 평안으로 대체될 때, 당신은 이 말이 사실이라는 것을 알게 될 것이다.

우리는 우리가 그리스도와 함께한 상속자라고 말씀하는 성경 구절을 자주 인용한다. 하지만 그 말씀의 후반부에 주목하는 경우는 드물다. 그 말씀은 "우리가 그와 함께 영광을 받기 위하여 고난도 함께 받아야 할 것이니라"(롬 8:17)라는 것이다.

그리스도와 함께 고난 받는 것을 즐겁게 받아들일 때 우리는 그리스도와 함께한 상속자가 될 수 있다. 이제 당신은 어려운 일에 복종하는 모든 기회에 기뻐할 수 있겠는가? 그렇다면 그 일이 당신과 하나님의 관계에 영광스러운 일로 이어질 것도 확신하게 될 것이다.

09

복종으로 진정한
기쁨을 얻다

지금의 내가 아닌 다른 사람이 되고 싶거나, 지금 내가 하는 일이 아닌 다른 일을 하고 싶은가? 지금 내가 처한 이 상황에서 어떤 변화가 일어났으면 좋겠다고 생각하는가?

이 질문들에 "예"라고 대답했다면, 당신은 아직 진정으로 기뻐하는 법을 배우지 못한 것 같다.

나는 양손과 양발에 각각 손가락과 발가락을 하나씩만 가지고 태어난 여성을 알고 있다. 그녀는 하나님이 원하셔서 자신을 그렇게 만드셨다고 믿었고, 자신에게 가장 좋은 것이 무엇인지 하나님이 아신다고 생각하며 감사했다. 하루는 결혼을 약속한 남자를 저녁 식사에 초대했고, 그녀는 좋은 인상을 주려고 조심스럽게 행동했다. 그러다 너무 긴장한 탓에 접시를 떨어뜨리고 말았다. 그녀의 머릿속에 불쑥 떠오른 생각이 무엇이었을지 상상할 수 있겠는가? 하지만 그녀는 재빨리 농담을 던졌다.

"손이 서투르다고(all thumbs, 다섯 손가락이 모두 엄지라는 뜻 - 역자 주) 말하고 싶은데, 저는 거기 해당이 되지 않네요!"

난처함은 전혀 없었고 행복한 웃음만 가득했다.

후에 두 사람은 결혼했고, 그녀는 두 아이의 엄마가 되었다. 두 아이 모두 양손과 양발에 손가락과 발가락을 하나씩 가지고 태어났다. 젖먹이 때부터 아이들은 자신들이 하나님이 보시기에 매우 특별하다는 말을 들었다. 둘째아이가 네 살이던 어느 날, 아이는 가게 점원에게 이렇게 말했다.

"우리에게 왜 손가락이 하나밖에 없는지 궁금해하시는 것 같은데요, 하나님이 우릴 이렇게 만드신 데는 이유가 있어요."

굴종 vs. 복종

하나님이 당신을 지금의 모습으로 만드신 데는 이유가 있다고 믿는가? 하나님이 원하셔서 당신이 지금 있는 그곳에 당신을 두신 것도? 잠시 멈추고 생각해보라. 만일 당신이 내가 아는 사람들과 같다면, 당신은 다양한 상황에 둘러싸여 있을 것이고, 그 상황에 한두 가지 방법으로 반응하며 살아가고 있을 것이다. 만일 그런 상황 때문에 불행하다면 그 상황들이 당신을 실망시키고 있다는 의미일 것이고, 당신이 기쁘다면 그 상황들이 당신을 기분 좋게 만들고 있다는 의미일 것이다. 아니면 당신은 지금 오르막과 내리막을 오가고 있는가?

하나님의 자녀로서 우리는 상황에 대한 권위를 가지고 있다. 그렇다면 그 권위를 어떻게 사용할 것인가? 당연히 올라가도록 해야 한다. 올라갈 수 있는 방법은 무엇일까? 겨드랑이까지 차오른 바닷물 속에 서 있는데 큰 파도가 밀려온다고 생각해보자. 파도에 대해 잘 모른다면 파도를 피해 달아나려 할지도 모른다. 하지만 그렇게 하면 파도는 어마어마한 힘으로 당신을 다시 빨아들이고 넘어뜨릴 것이다. 당신은 숨을 헐떡이며 속수무책으로 굴러다니다가 마치 물에 빠진 고양이처럼 멍이 든 채 물을 뚝뚝 흘리면서 얕은 물에서 모습을 드러낼 것이다.

반면, 경험이 풍부하고 수영을 잘하는 사람들은 더 좋은 방법을 알고 있다. 그들은 위협적인 파도를 묵묵히 바라보다가 거품이 이는 마루(파도의 가장 높은 부분 - 역자 주) 아래로 뛰어든다. 몇 초 후, 수면 위로 떠오른 그들은 최고 높이에 다다른 파도의 부드러운 등에서 손쉽게 방향을 틀며 떠올라 해안으로 돌아간다.

수영을 잘하는 사람이 파도 꼭대기로 올라가는 방법은 그 아래로 뛰어드는 것이다! 그리스도인이 문제의 꼭대기로 올라가는 방법은 그 문제에 복종하는 것이다.

우리는 문제 아래로 내려간다는 것이 어떤 의미인지 잘 알고 있다. 일평생 상황에 따라 이리저리 치여 멍들고 상처 입으며 얻은 교훈이다. 이리저리 치이는 것은 복종이 아니다. 오히려 복종과 완전히 반대되는 것으로, 정확한 명칭은 '가라앉다', '압도당한다'라는 의미의 굴종이다. 이에 반해 복종이란, 아버지가 모든 것을 책임지신다는 것을 알고, 그분 손에 자신을 맡긴 하나님의 자녀가 하는 자발적인 행동이다. 복종하면, 그 상황을 이길 수 있는 하나님의 권위가 나타난다.

굴종할 때 우리 눈은 문제를 바라보고 우리 마음은 불평으로 가득 찬다. 복종할 때 우리 눈은 그리스도를 바라보고 우리 마음은 찬양으로 가득 찬다. 시간이 흐름에 따라 굴종은 우리를 비참함과 슬픔 속으로 점점 깊이 빠져들게 할 것이다. 반대로 복종은 문제가 여전히 남아 있더라도 시간이 지나면 우리를 그리스도 안에서 기쁨과 즐거움으로 날아오르게 할 것이다.

보이지 않는 독가스, 불평

여러 나라가 전쟁에서 사용하려고 독가스를 개발했다. 독가스는 눈에 보이지 않고 냄새도 없어서 희생자들은 그것이 있는 줄도 모르고 들이마시게 된다. 사탄은 우리가 무슨 일이 일어나고 있는지 알지도 못하는 사이에 우리 생각과 마음에 흘러 들어갈 수 있는 치명적인 '가스'를 가지고 있다. 그것은 바로 불평하는 태도다.

우리 중 일부는 불평하는 것에 너무나 익숙해서 그것이 우리의 당연한 권리라고 생각한다. 하지만 이스라엘 백성이 광야에서 죽음에 이른 것은 불평과 원망 때문이었다. 바울은 초기 그리스도인들에게 이렇게 경고했다.

> 그들 가운데 어떤 사람들이 원망하다가 멸망시키는 자에게 멸망하였나니 너희는 그들과 같이 원망하지 말라 **고전 10:10**

불평은 대단히 큰 죄다. 그것은 불신의 표현이기 때문이다. 당신이 정말로 하나님이 책임지시고, 당신에게 가장 좋은 것을 행하신다고 생각한다면 불평하지 않을 것이다. 불평하면 굴종하게 된다. 문제가 당신을 위로 들어 올리는 것이 아니라 끌어내리게 된다.

하지만 불평이 눈에 보이지 않는 가스 같다면 어떻게 그것을 감지할 수 있는가? 어쩌면 우리는 이렇게 말하며 용감하게 고통을 견디고 있는지도 모른다.

"이 모든 것에 대해 주님을 찬양합니다."

하지만 아직 우리 내면 어딘가에는 불평의 태도가 숨어 있지 않은가?

유능한 불평 탐지기

모세는 이스라엘 백성에게 하나님의 저주가 그들 위에 임할 것이라고 경고했다.

네가 모든 것이 풍족하여도 기쁨과 즐거운 마음으로 네 하나님 여호와를 섬기지 아니함으로 말미암아 신 28:47

우리의 불평 탐지기는 이것이다. 마음속 깊은 곳으로부터 진심으로 기쁜가? 당신에게 문제가 있어서 기쁜가? 아픔으로 인해 기쁜가? 기쁘면 불평하지 않는다. 기쁘면 당신이 하나님 자녀인 것을 확신한다는 뜻이다. 당신은 당신을 향한 하나님의 사랑과 하나님이 완벽한 계획 가운데 당신 삶의 모든 것이 합력하여 유익이 되도록 역사하고 계심을 확신한다. 당신의 문제나 고통이 당신에게 어떤 유익을 주기 위한 것임을 알기에 당신에게는 기뻐해야 할 이유가 있다. 기쁨은 복종의 징표다.

우리가 "정말 기쁘다"라고 말할 수 있을 정도로 복종한다면, 우리의 찬양은 순전하고 진심 어린 마음이 된다. 다음에 "주님을 찬양합니다"라고 말하고 싶을 때는 "주님, 바로 지금 이 일이 일어나게 하시니 정말 기뻐요!"라고 말해보자. 마음이 내키지 않는다면, 당신은 어딘가에 작은 불평이나 불신을 숨기고 있는 것이다. 작은 불평 하나가 삶의 그 부분에서 당신이 진정으로 복종하고 찬양하는 것을 방해할 것이다.

내 책 《걷고 뛰며》(Walking & Leaping)가 출간되었을 때 다수의 인쇄 오류를 발견하곤 짜증이 났다. 그 실수에 대해 하나님을 찬양해야 한다고 생각하면서도 나는 출판사에 실수를 지적하는 편지를 보냈다. 그런 일이 일어났다는 것을 마냥 기뻐할 수는 없었다. 그러나 내 반응이 얼마나 잘못된 것이었는지 출판사의 답변을 받고서야 깨닫게 되었다.

편집자는 이렇게 답장을 보내왔다.

"정원에 있는 복숭아나무 몇 그루 때문에 골치를 앓는 어떤 부인이 보낸 편지를 받았는데, 목사님이 들으시면 흥미로워하실 것 같습니다. 그 부인께서 목사님 책을 읽던 중 가장 눈에 거슬리는 인쇄 오류를 발견했습니다. '지각에 뛰어난 평강(peace)'이 '지각에 뛰어난 복숭아(peach)'로 적혀 있었죠. 그 실수에서 하나님이 복숭아나무를 신경 쓰신다는 증거를 본 그녀는 크게 기뻐하며 그 부분을 읽었습니다. 우리가 무슨 할 말이 있겠습니까? 주님을 찬양합니다!"

나는 그 조그만 실수 때문에 짜증을 내고 어쩔 줄 몰라 했으며, 그랬기 때문에 찬양하는 말조차도 진정한 기쁨을 가져오지 못했다. 마음속에 숨어 있던 불평이 나의 부족한 기쁨으로 인해

본색을 드러냈지만, 나는 그 경고에 주의를 기울이지 않았다.

기쁨과 찬양이 끊임없이 우리 마음을 채울 만큼 정말 완전하게 복종하는 법을 배우면 우리는 문제를 넘어 그리스도와 함께하는 새로운 차원의 삶으로 들어 올려질 것이다. 신을 때마다 발이 아픈 신발을 갖고 있다가 완벽하게 딱 맞는 새 신발로 바꾼 적이 있는가? 기분이 좋지 않던가? 평생 불평만 하던 습관을 기쁨과 칭찬의 습관으로 바꾸는 것이 바로 이와 같다.

이는 좋고 나쁜 두 상황 모두에 우리가 항상 복종해야 한다는 의미인가? 하나님의 자녀로서 우리가 갖는 권세는 어떠한가? 가끔은 그것을 사용하지 않는가?

고백하고 저항하라

하나님이 우리에게 절대로 복종하지 말고 언제나 권위를 사용하라고 말씀하시는 유일한 영역이 있는데, 그것은 우리 죄에 대해서다. 우리가 마주하는 모든 시험과 고통은 우리가 이전에 가졌던 죄의 본성과 어떤 식으로든 연결되어 있다. 그러나 이 싸움에서조차도 복종이 권위보다 앞선다.

그런즉 너희는 하나님께 복종할지어다 마귀를 대적하라 그리하면 너희를 피하리라 약 4:7

첫 단계는 언제나 복종이다. 악에 대항할 우리의 권세를 불러오는 복종 말이다. 하지만 우리의 권세는 오로지 하나님의 능력에 달려 있다는 것을 기억하라. 우리 힘만으로는 패배하는 싸움이 될 뿐이다. 따라서 당신이 사소한 문제, 혹은 당신이 더는 버틸 수 없다는 생각이 들 때까지 쌓인 커다란 문제에 직면해 있다면, 첫 번째 단계는 모든 문제를 통제하시는 하나님께 복종함으로써 문제에 바로 뛰어들어야 한다. 스스로 불평을 탐지하는 질문을 던지라.

"지금 상황 그대로 나는 정말 기쁜가?"

기쁘지 않다면, 지금이 당신의 권위를 사용할 때다. 불평은 불신앙과 반항이라는 죄를 가리는 가면이다. 그 죄가 당신을 더 깊은 비참함으로 밀어 넣게 하지 말라. 그것을 하나님께 고백하고 저항하라.

고백은 가능한 한 구체적이고 솔직해야 한다. 하나님이 당신의 삶을 주관하시는 방법에 대해 기뻐하지 못한 것을 잘못했다고 말씀드리라. 당신이 정직하게 회개했다면 하나님이 당신을 용서하셨다는 것을 알 수 있다. 이제 당신은 하나님이 당신의 삶에 허락하신 것에 기꺼이 복종한다고 그분께 말씀드릴 수 있다. 당신의 복종이 완성되면 하나님의 능력이 당신의 상황 가운데, 기쁨이 당신의 마음에 찾아온다.

다윗은 복종과 회개가 무엇인지 알고 있었다.

여호와여 들으시고 내게 은혜를 베푸소서 여호와여 나를 돕는 자가
되소서 하였나이다 주께서 나의 슬픔이 변하여 내게 춤이 되게 하시
며 나의 베옷을 벗기고 기쁨으로 띠 띠우셨나이다 시 30:10,11

우리가 하나님의 뜻에 복종하고 악에 저항하면, 그분은 우리
위에 기쁨을 부어주신다.

주께서 의를 사랑하시고 불법을 미워하셨으니 그러므로 하나님 곧
주의 하나님이 즐거움의 기름을 주께 부어 주를 동류들보다 뛰어나
게 하셨도다 하였고 히 1:9

전적인 복종의 표지는 기쁨이다.
다윗은 이렇게 노래했다.

기쁨으로 여호와를 섬기며 노래하면서 그의 앞에 나아갈지어다
시 100:2

하나님의 뜻에 복종하지 않으면 그분을 섬길 수 없다. 그리고

우리가 기쁘지 않다면 우리는 순종하지 않은 것이다.

지금 있는 그 자리에서 복종을 배우라

하나님은 우리가 그분을 섬기기 원하신다. 하나님은 당신과 나를 위한 놀라운 계획을 갖고 계신다. 하지만 우리가 늘 제멋대로 굴기만 한다면 하나님이 어떻게 우리를 올바른 방향으로 인도하실 수 있겠는가?

> 온유한 자를 정의로 지도하심이여 온유한 자에게 그의 도를 가르치시리로다 시 25:9

겸손한 사람들은 기쁜 마음으로 하나님의 뜻에 복종하는 법을 배운 자들이다. 그것을 배우기에 우리의 본성에 반하는 어려운 상황보다 더 좋은 곳은 없다.

우리는 이렇게 말한다.

"주님, 저를 사용해주십시오. 제게 큰 사명을 맡겨주십시오. 사소한 명령이라도 순종하겠습니다!"

이런 요청에 하나님은 이렇게 말씀하신다.

"이미 너에게 사명을 주었다. 네가 지금 있는 바로 그곳이지. 네 상황의 모든 사소한 부분에 대해 정말로 기뻐함으로써 네가 순종하고 있다는 것을 보여주렴."

나는 가정과 직장에서 지루함을 느끼는 젊은이들을 알고 있었는데, 그들은 이렇게 말했다.

"주님은 복음을 전파하고 믿음 가운데 살라고 나를 부르셨어."

그들은 지루한 직장을 그만두고 심술궂은 친척들을 떠나서 다른 그리스도인들이 잠잘 곳과 음식을 제공해주길 기대하며 그 자리를 떠나 먼 지역으로 옮겨갔다. 하지만 이것은 하나님의 뜻에 순종하는 행동이 아니다.

바울은 그리스도인 새 신자들에게 실제적인 조언을 몇 가지 해주었다.

형제들아 너희는 각각 부르심을 받은 그대로 하나님과 함께 거하라

고전 7:24

바울 자신도 천막 만드는 일을 계속하면서 어디든 복음을 전파하러 가는 곳에서 생계를 이었다. 하나님은 당신이 지금 하는 일과는 다른 무언가를 하라고 당신을 부르셨을지도 모른다. 그러나 당신의 현재 자리를 좋아하지 않는다면 아직은 떠날 준비가 되지 않은 것이다. 현 상황에 먼저 복종해야 한다. 하나님이 지금 그곳에 당신을 두신 이유는 당신이 온전히 순종할 때만 성

취될 수 있는 목적 때문이다. 복종의 징표는 기쁨이다. 지금 있는 곳에서 당신이 기뻐하면 하나님은 떠나라고 명령하실지도 모르지만, 그전에는 어림도 없다. 만약 당신 스스로 떠난다면, 당신은 지금 마주하고 있는 문제들보다 더 큰 문제들을 향해 가는 셈이다.

당신이 만날지도 모르는 다른 온갖 종류의 시험도 마찬가지다. 하나님은 당신에게 유익을 주려 하시지만, 당신이 복종하지 않으면 아무 소용이 없다. 당신이 "주님, 상처가 되는 그 일에 대해 감사합니다. 아파서 기쁩니다"라고 말할 수 있다면 그 아픔은 사라질 수도 있다. 하지만 당신의 기쁨이 고통을 덜어주었으므로, 아픔이 사라지지 않더라도 기쁨이 계속될 것을 당신은 알 수 있다. 유익은 이루어졌다. 당신은 복종으로 그 시험을 이길 수 있는 권세를 받았고, 하나님은 그분이 계획하신 곳 어디로든 당신이 안전하게 갈 수 있도록 당신을 들어 올리셨다.

영적 근육을 훈련하라

우리는 복종이 연약함의 징표라고 생각하도록 길들여졌지만, 사실 복종은 우리 힘의 비결이다. 모든 문제와 고통은 그 힘 가운데 우리가 성장하는 것을 돕도록 계획되었다. 요람에 누워만 있는 아기에게는 큰 힘이 필요 없다. 하지만 그 아기가 일어서려 할 때는 자기를 끌어당기는 중력의 힘을 경험하게 된다. 이제 아기가 걷거나 뛰려면 힘을 길러야 한다. 힘이 더 세질수록 아기는 더 잘 달리고 높이 뛸 수 있지만, 아래로 잡아당기는 중력의 힘이 없이는 애초에 근육을 발달시킬 수 없었을 것이다.

초기 그리스도인들은 강력한 세력에 맞서 싸워야 했다. 우리의 상상을 초월하는 심한 핍박과 시련을 겪었다. 집에서 강제로 쫓겨나고, 짐승처럼 포획되어 고문당하고 사자들에게 던져지거나, 동굴이나 카타콤에서 살아야 했다. 그들에게는 음식과 물, 우리에게 익숙한 편의 시설이 거의 없었다. 그러나 그런 상황에서 하나님은 자기 백성에게 힘과 기쁨의 진정한 근원을 가르치셨다. 거기서 그들은 기뻐하는 마음으로 하나님을 찬양하는 법을 배웠다.

원하는 대로 일이 진행될 때만 기쁘고 감사한다면, 당신은 침대에 누워 있는 아기와 같다. 아래쪽으로 잡아당기는 당신의 문제들에 맞서 하나님의 힘에 의지하기를 아직 시작하지 않은 것이다. 인생에 커다란 비극이 닥칠 때, 걸핏하면 하나님께 도움을 구할 생각부터 한다. 커다란 문제에 대해 하나님을 찬양하려 애쓰는 것이 맥 빠지는 경험이 될 수 있다. 우리에게는 모든 실망스러운 일에 불평으로 반응하는 습관이 몸에 배어 있기 때문이다.

걸음마를 배우는 아기처럼, 작은 문제들에 우리의 영적 근육을 사용하는 훈련부터 시작하라. 올바른 방향으로 반응할 때마다 기분이 고양되고 자신감도 커져서 더 큰 문제를 마주할 준비를 할 수 있게 된다. 당신 앞에 가던 다른 운전자가 마지막 남은 주차 공간에 주차할 때 밀려드는 짜증과 같이 사소한 일을 예로 들어보자. 그 감정의 물결이 당신을 아래로 잡아당기게 하겠는가, 아니면 밀어 올리게 하겠는가?

바로 거기에 멈춰서 당신의 짜증에 권위를 주장하라. 그것이 죄가 되는 불평임을 고백하라. 기뻐하지 못해 죄송하지만, 정말로 기뻐하고 싶다고 하나님께 말씀드리라. 그리고 당신 앞에 있던 운전자가 주차하게 하신 것에 대해 하나님께 감사하라. 하나님은 분명 더 좋은 주차 자리를 예비해두셨을 것이다. 당신이 원한 것을 얻지 못했다는 것이 기쁘지 않은가?

당신이 산 물건이 알고 보니 하자가 있었는데 상점에서 환불해주지 않아 불평했던 경험이 있는가? 나도 그런 경험이 있는데, 화가 나 있는 동안에는 며칠이고 그 일이 내 속을 뒤집어놓았고, 생각하고 행동하는 모든 일에 악영향을 끼쳤다. 나는 급격히 아래로 끌려 내려가고 있었다. 당신은 하나님이 주신 모든 능력과 권세를 가진 그분의 자녀임을 기억하라. 아무도 당신의 약점을 이용할 수 없다. 그런 사람들이 있다고 느낀다면 당신은 이 세상의 모든 상점과 판매 담당자를 하나님이 완전히 통제하신다는 사실을 잊고 있는 것이다. 그들이 당신 돈을 챙기거나 과다한 금액을 청구하도록 하나님이 내버려두신다면, 그것은 당신에게 그런 경험이 필요하기 때문이다. 그러므로 당신은 그 일에 기뻐할 수 있다!

사소한 짜증 때문에 당신이 불평하게 된다면, 악에 맞서는 진짜 전쟁에서는 어떻게 살아 남을 수 있겠는가? 당신에게 일어나는 모든 일은 하나님이 선한 목적으로 허락하신 것이다. 복종은 우리를 그 위로 높이 올리고, 하나님의 능력과 기쁨을 드러낸다. 불평할수록 우리의 고통도 길어진다는 것을 알고 있는 사탄은 우리에게 불평하라고 부추긴다.

십대 소녀에게서 편지를 한 통 받았다. 소녀는 최근 아버지가 돌아가셨다고 했다. 아버지는 고작 석 달 동안 그리스도인으로 살았지만, 소녀는 감사했다. 소녀는 이렇게 썼다.

"부모님은 이혼하셨고, 저는 아빠와 살았어요. 엄마는 아직 그리스도인이 아니지만, 이제 우리와 함께 살려고 오셨어요. 예수님이 아빠를 천국으로 데려가신 이유가 그 때문이라고 생각해요. 우리는 엄마를 위해서 기도하고 있고, 하나님이 엄마를 너무나 사랑하신다는 걸 알아요."

소녀는 슬픔에 빠지지 않았다. 상황에 복종했고, 하나님이 책임지신다는 것을 알았기에 기뻐했다. 우리 삶에서 아래로 잡아당기는 힘이 가혹하면 할수록 영적 근육이 자랄 기회는 더욱 커진다.

그리스도가 우리의 힘이시다

바울은 이렇게 말했다.

내게 능력 주시는 자 안에서 내가 모든 것을 할 수 있느니라 빌 4:13

바울은 굉장히 힘들었던 몇 가지 상황을 통해 이 말씀의 진리를 깨달았다. 우리 자신이 아니라 그리스도가 우리의 힘이시다. 그리스도께 우리 삶을 맡길 때 그 사실을 처음 경험할 수 있지만, 날마다 순종함으로써 그리스도의 권세와 힘이 우리 삶을 다스리시게 된다.

성경의 또 다른 구절은 이렇게 말한다.

느헤미야가 또 그들에게 이르기를 너희는 가서 살진 것을 먹고 단 것을 마시되 준비하지 못한 자에게는 나누어주라 이 날은 우리 주의 성일이니 근심하지 말라 여호와로 인하여 기뻐하는 것이 너희의 힘이니라 하고 느 8:10

완전한 복종을 통해서만 기쁨을 누릴 수 있다. 우리가 하나님을 온전히 의지하고 "지금 상황 그대로 나는 너무 기뻐요!"라고 말할 때 하나님의 능력이 우리를 높이 들어 올리고, 모든 문제와 고통을 기쁨으로 바꾸어주신다. 그런 기쁨과 능력은 교만한 자들에게는 찾아오지 않고, 오직 겸손한 자들에게 찾아온다. 교만한 사람은 스스로 하나님께 복종할 줄 모르고, 하나님과의 하나 됨도 결코 경험하지 못한다.

그러므로 누구든지 이 어린아이와 같이 자기를 낮추는 사람이 천국에서 큰 자니라 마 18:4

복종의 목적은 옛 자아를 축소하여 우리 삶에서 그리스도가 커지시도록 하는 것이다.

나는 범사에 하나님을 찬양하는 기쁨을 이야기하는 젊은 부목사의 편지를 받았다. 그런데 편지에 쓰인 말투가 인상적이었다. 그 젊은이의 기쁨의 근원은 자신의 보잘것없음과 하나님의 위대하심에 대한 확신이었다.

"하나님은 여러 방법을 통해 제가 정말 아무것도 아님을 보여주셨습니다. 하나님이 얼마나 위대하신지 이제 더욱 잘 이해하게 되었기에 하나님을 찬양합니다. 하나님이 저를 사랑하신다는 것을 아는 것은 이 세상에서 가장 기분 좋은 일입니다. 저는 제가 무척 작고 어리석다고 느끼지만, 저와 제 모든 문제는 바로 하나님 손안에 있습니다. 더는 아무것도 걱정하지 않습니다. 하나님이 만사를 통제하고 계시기 때문입니다. 하나님을 찬양합니다!"

걱정거리가 있는가? 나쁜 소식을 전해주는 전화가 올까봐 때로 뜬눈으로 밤을 지새우는가? 실직하거나 암에 걸릴까봐 염려하는가? 수많은 사람이 두려움에 사로잡혀 살고 있다. 왜 그럴까? 우리는 아직 하나님께 온전히 맡기지 못한 것들을 두려워할 뿐이다.

> 할렐루야, 여호와를 경외하며 그의 계명을 크게 즐거워하는 자는 복이 있도다 … 그는 영원히 흔들리지 아니함이여 의인은 영원히 기억되리로다 그는 흉한 소문을 두려워하지 아니함이여 여호와를 의뢰하고 그의 마음을 굳게 정하였도다 시 112:1,6,7

시편 기자는 자기 마음을 굳게 정했다. 복종을 통해 하나님의 능력에 의지하는 법을 배우지 못했다면, 앞으로 우리가 매우 힘든 시기 - 경제적인 어려움, 법과 질서의 붕괴, 식량 부족 같은 무서운 일들 - 를 겪게 되리라고 확신한다.

두려움은 몸에서 아드레날린 분비를 촉진시켜 우리가 평소에는 할 수 없는 일을 할 수 있는 비정상적인 힘을 준다. 그러니 두려움이 우리를 즉각적으로 통제하도록 내버려두었던 것처럼 만약 믿음이 그렇게 하도록 우리가 허용한다면, 믿음 - 일순간의 망설임도 없이 하나님께 복종하게 하는 믿음 - 이 우리 몸에 어떤 영향을 미칠지 생각해보라. 우리의 복종을 통해 나타날 하나님의 엄청난 힘을 생각해보라!

왜 하나님은 우리가 그분 뜻에 순종하기 원하시는지 이해하기가 그렇게도 어려운가? 우리가 불평을 멈추고 "주님, 저는 정말 기쁩니다!"라고 말하는 법을 배우면 우리 삶에 어떤 일이 일어나게 될지 하나님은 알고 계신다.

10
당신에게 1순위는
누구인가?

주변에 당신을 힘들게 하는 사람이 없다면 완벽해지기가 더 쉬울 거라 생각하는가? 하지만 잠깐! 그 사람들이 왜 거기에 있다고 생각하는가? 우리는 종종 이 말씀을 인용한다.

나의 하나님이 그리스도 예수 안에서 영광 가운데 그 풍성한 대로 너희 모든 쓸 것을 채우시리라 빌 4:19

하나님이 당신이 함께 살아갈 필요가 있는 사람들도 공급하신다는 생각은 해본 적이 없는가?

당신은 이렇게 말할지도 모른다.

"그런데요, 주님. 저는 알코올 의존증 남편이나 애정 없는 아내, 부당한 직장 상사나 집을 나가는 반항적인 자식은 필요 없어요!"

당신 주위에 그런 사람이 있다면, 그 사람이 당신에게 필요하다고 하나님이 말씀하시는 것이다. 그렇지 않다면 주시지 않았을 것이다.

앞에서 우리는 옛 본성을 벗고 하나님 뜻에 즐겁게 복종하도록 가르치시기 위해 하나님이 우리를 어떻게 어려운 상황에 두시는지 이야기했었다. 까다로운 사람들과 함께 사는 것만큼 효과적으로 복종을 가르쳐주는 것도 없다. 종종 하나님은 죽도록 짜증 나는 사람을 우리 삶에 허락하신다. 우리에게 그 사람이 필요하기 때문이다. 그 사람은 우리 안에 있는 최악의 모습을 드러내는데, 이를 제거하려면 우리 안에 있는 것을 먼저 봐야 한다. 완강하고 고집이 센 자아는 발끈하며 이렇게 말한다.

"남이 시키는 일은 하고 싶지 않아요. 누구에게서도 그런 말도 안 되는 소리는 듣지 않겠습니다."

언제나 최종 발언권을 갖고 싶어 하는 그 추악한 것이 마음속에서 고개를 드는 것을 알 수 있는가? 그것은 육신, 옛 본성이라 불리는데, 복종만이 그것을 통제할 수 있다.

예수님도 순종을 배우셨다

바울은 에베소서 5장 18절과 20,21절에서 그리스도인의 삶을 위한 몇 가지 구체적인 지침을 내렸다.

1. 술 취하지 말라 이는 방탕한 것이니 오직 성령으로 충만함을 받으라

2. 범사에 우리 주 예수 그리스도의 이름으로 항상 아버지 하나님께 감사하며

3. 그리스도를 경외함으로 피차 복종하라

세 번째 단계가 가장 받아들이기 어렵지만, 이것이 없다면 나머지 두 가지는 소용이 없다. 다른 사람에 대한 복종은 그리스도인의 성장 과정에서 절대적으로 필요한 부분이다. 우리보다 우리를 더 잘 아시는 하나님은 특정한 사람들에게 복종할 수 있는 기회를 주시는데, 그렇게 함으로써 하나님이 우리에게 원하시는 모습으로 성장할 수 있다.

예수님도 경험을 통해 복종을 배우셨다. 어린 시절 예수님은 이 세상 누구보다도 지혜롭고 이해력이 뛰어나셨는데, 예수님도 그 사실을 인지하셨으리라 확신한다. 예수님이 열두 살이 되었을 때, 예수님의 부모는 예수님을 데리고 예루살렘 성전으로 갔다. 부모는 집으로 돌아왔지만 예수님은 그곳에 남아 성전의 학자들과 깊이 있는 토론을 하셨는데, 그들은 예수님의 이해력에 놀라움을 금치 못했다. 아들을 성전에 두고 온 것을 알게 된 부모는 걱정하며 찾아 나섰다. 그리고 예수님을 발견한 부모는 당

장 집으로 돌아가자고 말했다.

성경은 예수님이 부모와 함께 나사렛에 있는 집으로 돌아갔고, 부모에게 순종했다고 말한다(눅 2:41-52 참조). 생각해보라. 하나님의 완벽하신 아들은 부모보다 훨씬 더 지혜로우셨음에도 육신의 부모에게 온전히 복종하며 사셨다. 예수님은 입을 다물고 시키는 대로 하셨다. 예수님은 귀 기울여 듣고 배우셨다. 예수님은 무엇을 배우셨는가?

그가 아들이시면서도 받으신 고난으로 순종함을 배워서 히 5:8

예수님은 서른 살에 공생애를 시작하셨다. 예수님이 가지신 권위의 힘 배후에는 그분의 완벽한 순종이 있었다. 예수님은 하늘 아버지와 그분이 처한 상황, 하나님 아버지께서 예수님 주변에 두신 사람들에 온전히 복종하셨다.

내게 꼭 필요한 사람들

1. 주 안에서 부모에게 순종하라

당신이 나이가 어림에도 주님의 기쁨을 얻고자 한다면 부모님에게 순종하라! 어쩌면 부모님이 늘 당신을 괴롭히고 있을 수도 있고, 당신을 믿지 못할 수도 있다. 어쩌면 당신의 신앙을 이해하지 못하고, 당신이 예수님에 대해 그만 이야기하길 바라고, 교회에 가지 않고 집에 있길 바랄 수도 있다.

"저는 사람이 아니라 하나님께 순종하겠습니다."

이렇게 말하고 무작정 교회에 갈 수도 있다. 그러면 실수하는 것이다. 당신을 향한 하나님의 첫 번째 가르침은 이것이다.

자녀들아 주 안에서 너희 부모에게 순종하라 이것이 옳으니라 엡 6:1

부모님의 뜻을 거스르고 교회에 가는 것보다 순종하여 교회에 가지 않고 집에 있을 때 당신은 하나님과 더욱 가까워질 것이다. 최소한 일주일은 복종하려고 노력하라. 그게 가능하다면 일주일, 그리고 또 일주일, 한 달, 일 년을 노력하라. 즐거운 마음으로 그렇게 할 수 있는가? 당신은 이렇게 말할지도 모른다.

"제가 할 수 있는 건 그냥 하는 것뿐이에요."

시작은 그 정도로 충분하지만, 시간이 흐르면서 내면을 들여다보고 왜 기쁘게 할 수 없는지 살펴보라.

하나님이 당신에게 그런 부모님을 주신 것은 당신에게 그들이 필요하기 때문이라는 것을 믿을 수 있겠는가? 하나님이 다른 것을 원하셨다면 당신을 다른 가정에 보내셨을 것이다. 양부모나

입양 부모와 살고 있는 사람도 마찬가지다. 하나님이 그들에게 당신에 대한 권위를 허락하신 것은 당신에게 그것이 필요하기 때문이다. 부모님에 대해 하나님께 감사할 수 있는가? 부모님의 있는 모습 그대로를 정말로 기뻐하는가? 만약 기쁘지 않다면, 당신은 불평할 것이다. 잊지 말라. 불평은 심각한 죄다. 부모님에 대한 새로운 사랑을 구하면 하나님은 당신에게 그것을 주시고 당신을 용서하실 것이다.

당신이 부모님을 사랑한다면 복종은 쉽다. 사랑은 "무례히 행하지 아니하며 자기의 유익을 구하지 아니하며 성내지 아니하며 악한 것을 생각하지 아니"한다(고전 13:5). 이 말씀이 부모님에 대한 당신의 감정과 행동을 묘사하는가?

한 젊은이가 이런 편지를 보내왔다.

"제 부모님은 아직 구원받지 못하셨어요. 그래서 두 분이 예수님을 알게 되는 것이 제 소원입니다. 저는 훌륭한 그리스도인이 되기 위해 노력하지만, 부모님의 뜻에 반하는 말이나 행동을 할 때마다 부모님은 예수님을 비난합니다. 그럴 때는 너무 실망스럽고 우울합니다."

당신이 그리스도인임을 부모님에게 보여줄 수 있는 가장 강력한 방법은 사랑으로 순종하는 것이다. 삼자 관계를 기억하라. 당신이 먼저 하나님께 복종하면, 하나님은 당신이 부모에게 복

종하도록 도우셔서 부모님이 당신 안에 있는 그리스도와 그 사
랑을 보게 하실 것이다.

2. 하나님께 복종하는 부모로서 양육하라

하나님은 부모를 자녀에게 권위를 갖는 자리로 보내셨지만,
우리가 그 권위와 진정한 복종을 결합하는 방법을 배우지 않는
한 그것은 거짓되고 파괴적일 것이다. 첫 번째 단계는 하나님 뜻
에 복종하고 하나님이 우리에게 꼭 필요한 자녀를 주셨음을 인
정하는 것이다.

자녀가 똑똑하건 둔하건, 재능이 있건 어설프건, 순종적이건
제멋대로이건 간에, 우리에게는 이 아이들이 필요하고, 아이들에
게는 우리가 필요하다. 자녀가 우리의 혈육이건 혹은 다른 방법
으로 우리에게 왔건 간에 하나님은 무한한 보살핌으로 우리를
연결하셨다.

부모된 우리가 올바른 권위와 복종을 사용하는 법을 배우지
못했기 때문에 가정마다 혼란과 끝없는 불화가 있다. 부모는
언제나 자녀들의 최선을 바라기에 아이들이 잘못하면 자책하는
경향이 있다. 좌절감에 빠져 종종 훈육을 포기하거나 지나치게
가혹해진다. 그런데 성경은 더 나은 방법이 있다고 말씀한다.

또 아비들아 너희 자녀를 노엽게 하지 말고 오직 주의 교훈과 훈계
로 양육하라 엡 6:4

지나치게 가혹하지도 말고, 애정 어린 훈육을 포기하지도 말
라. 이는 우리가 하나님께 복종하여 우리를 통해 자녀들의 필요
를 채워달라고 하나님께 간구하지 않는 한 불가능하다. 하나님
만이 자녀들의 필요를 아신다. 그것은 회초리일 수도 있고, 아
빠와 함께하는 낚시 여행일 수도 있다. 이전에는 우리가 하나님
에 대한 의존성을 이해하지 못했다면, 자녀들이 자라는 동안 그
것을 발견할 기회를 얻게 된다!

대부분의 경우, 자녀가 청소년이 되면 문제가 수면 위로 드러
난다. 어릴 때는 사랑스럽고 다정했던 아이들이 소원해지고 반
항하며 심지어 미워 죽을 지경이 된 까닭을 이해하지 못하는 부
모들이 나를 찾아온다. 이 지점에서 부모는 죄책감에 빠지기 쉽
다. 완전히 실패한 것 같기 때문이다.

하지만 하나님의 관점에서는 다르게 보인다. 가정의 위기는
구성원 모두가 함께 배울 수 있는 멋진 기회다. 문제에 감사하
는 것이 그 첫 단계다.

부모들이 저지르는 흔한 실패는 자녀를 소유물로 생각해서
아이들에게 집착하고 자녀의 삶에 영향을 끼치려 애를 쓴다는

것이다. 우리는 자녀들을 하나님께 맡겨야 하며, 그들과 우리의 관계보다 하나님과의 관계가 더 중요하다는 것을 깨달아야 한다. 하나님이 자녀들을 책임지고 계신 것에 대해 그분께 감사할 수 있는가? 자녀들이 하는 모든 행동과 말에 대해 하나님께 감사할 수 있는가?

한 어머니는 십대 딸이 "엄마 미워!"라고 소리를 지르면서 화를 내고 욕을 한다고 말했다. 그 어머니는 딸에게 입을 다물라고 되받아 소리를 질렀는데, 매일같이 반복되는 악다구니는 점점 더 길어지고 시끄러워질 뿐이었다. 이즈음 이 어머니는 우리 교회에 찾아와 범사에 하나님께 감사하는 법을 배우기 시작했다.

어느 날 저녁, 딸아이가 또 한바탕 욕설을 쏟아냈다. 그런데 어머니는 잠자코 있다가 이렇게 대답했다.

"주님을 찬양합니다!"

엄마의 화를 돋우지 못한 딸은 더 화가 나서 엄마가 술을 마신다고 비난했다. 어머니는 여전히 미소를 잃지 않고 이렇게 말했다.

"하나님, 이 모든 일에 감사합니다."

격분해서 자기 방문을 닫고 들어가 저녁 내내 틀어박혀 있던 딸은 다음 날 아침 상냥하게 미소 짓는 새로운 모습으로 식사를 하러 나왔다. 이것이 3년 전의 일이라고 그 어머니가 말했다.

그날 이후 모녀는 단 한 번도 말싸움을 하지 않았다고 한다.

이 어머니의 경우, 복종을 통하여 하나님의 능력이 나타났고 딸을 변화시켰다. 그런데 만약 하나님이 당신이 십대 자녀에게 단호하기를 요구하신다면 어떻게 할 것인가? 그럴 때도 사랑으로 올바르게 말할 수 있게 해달라고 하나님께 간구하면서, 당신의 확고함은 복종에 기초해야 한다.

열여덟 살 먹은 자녀가 "조언은 감사하지만 따르지는 않을 거예요"라고 말한다 해도 그 결정은 자녀 몫이다. 당신은 감사할 수 있는가? 자녀를 하나님께 맡기고, 이제 훈육은 하나님 아버지께 달려 있으니 괜찮다고 안도할 수 있는가?

한 그리스도인 부부가 딸을 하나님께 드리고 교회에서 양육했다. 그런데 열여섯 살이 된 딸이 사랑에 빠져 남자 친구와 도망쳤다. 딸은 전국을 떠돌면서 집에 전화를 걸어 자신은 행복하며 부모의 간섭은 필요 없다는 말만 했다. 부모는 3년 동안 슬퍼했다. 그러다가 한 성경 공부 모임에서 다음 성경 구절에 관해 이야기를 나누게 되었다.

우리가 알거니와 하나님을 사랑하는 자 곧 그의 뜻대로 부르심을 입은 자들에게는 모든 것이 합력하여 선을 이루느니라 **롬 8:28**

성경 공부 인도자는 이 말씀이 우리 삶의 모든 상황에 대해 하나님께 감사해야 한다는 뜻이라고 설명했다. 남자 친구와 가출한 딸에 대해 감사하는 것이 하나님의 뜻이 아니라고 생각했던 어머니는 그 말에 당황했다.

몇 주 후, 한 친구가 이 부부에게 《감옥에서 찬송으로》를 주었다. 부부는 책을 읽어보았지만, 자기들에게는 적용되지 않는다고 생각했다. 그다음으로 《감사의 능력》을 읽고는 책에 나오는 성경 말씀을 주의 깊게 공부했다. 결국 그들은 딸이 그런 행동을 하는 것은 하나님이 그것을 허락하셨기 때문임을 믿고는 하나님이 그들이 하나님을 찬양할 만큼 그분을 신뢰하기 원하신다는 것을 확신했다. 하나님은 무언가 선한 일에 그 상황을 사용하실 것이었다.

그 상황에 복종하자, 그들은 삶에서 새로운 평안과 기쁨을 발견했다. 그들은 새로운 방식으로, 다른 사람들을 도울 수 있는 새로운 권세와 능력으로 하나님을 신뢰하고 있었다.

그즈음, 딸과 남자 친구는 다른 주에 있는 다 쓰러져가는 오두막에 살고 있었다. 딸은 다른 오두막의 거주자들이 버린 상자들 틈을 뒤적이다가 지역 장례식장을 홍보하는 종이부채를 발견했다. 거기에는 양을 안고 있는 목자 예수님이 그려져 있었다. 갑자기 딸에게 이런 생각이 들었다.

'예수님이 저 어린양을 사랑하시는 것처럼 하나님은 나를 사랑하셔.'

그 생각이 머릿속을 떠나지 않더니 며칠 뒤에는 뜯겨 나온 성경책 조각을 발견했다. 익숙한 말씀을 닥치는 대로 읽던 그녀는 자신이 하나님께 돌아갈 방법을 찾고 싶어 한다는 것을 깨달았다. 그녀는 아버지에게 전화를 걸어 자기가 무엇을 하면 좋을지 깨달을 수 있도록 기도해달라고 부탁했다. 아버지는 이렇게 대답했다.

"애야, 네가 예수께 말씀드리기만 하면 네가 있는 바로 그곳에서 그분을 찾을 수 있을 거야."

그 주간에 여러 차례 집으로 전화했던 딸은 마침내 부모에게 이렇게 말했다.

"제 삶을 하나님께 드렸으니, 주님의 뜻에 따르고 싶어요."

딸은 남자 친구와 헤어지고 집으로 돌아가야 하는지 아버지에게 물었고, 아버지는 이렇게 대답했다.

"아빠는 기꺼이 비행기 표를 보내겠지만, 그것이 올바른 일이라고 생각될 때 결정을 내려야 한다."

딸은 함께 살고 있는 남자를 사랑했지만, 결국엔 그와 함께 있는 것은 잘못이라는 결론을 내렸다. 집으로 돌아와 부모와 다시 만난 딸은 성경 공부와 기도를 하며 시간을 보냈다. 하나님의 뜻에 대한 순종이 너무나 순전했던 나머지 그녀의 신앙은 급속도로 성숙해졌다.

몇 달 후에 옛 남자 친구가 딸을 찾아왔다. 딸은 집에 없었고, 그리스도인인 그녀의 친구가 있었다. 그는 따뜻하게 남자 친구를 맞으며 그리스도를 아느냐고 물었다. 남자 친구는 고개를 저었다.

"아뇨, 저는 교회에 가본 적이 없습니다. 하지만 제 여자 친구는 저를 사랑했고 중요한 일이 아니었다면 떠나지 않았을 거라고 생각합니다. 저도 여자 친구의 하나님께 기도해서 친구가 깨달은 것을 저도 깨달을 수 있는지 알고 싶습니다."

몇 시간 뒤, 그는 그리스도를 구세주로 영접했다. 그는 직업도, 재산도 없었지만, 딸의 그리스도인 친구의 도움으로 오래지 않아 열성적이고 헌신적인 그리스도인이 되었다. 그는 하나님의 뜻에 따르기를 원했고, 하나님의 계획이라면 여자 친구를 되찾겠다는 희망을 기꺼이 버릴 수 있었다.

나중에 하나님은 이 두 사람이 재결합할 수 있도록 상황을 준비하셨다. 그들의 결혼식은 그 교회에서 치러진 결혼식 중 가장 행복한 결혼식이었고, 현재 두 사람은 함께 활발하게 기독교 사역을 하고 있다.

이 이야기는 행복하게 끝을 맺었지만, 가출한 자녀를 하나님께 맡기지 못하는 부모들을 나는 알고 있다. 그들은 자녀들을 찾아냈을 때 그들을 통제하려는 마음을 주체하지 못한다. 자녀를 온전히 주께 맡기지 못한 부모에게는 여전히 고통스럽고 깨어진 관계가 존재한다.

3. 서로에게 복종하는 부부로 서라

아내나 남편이 되는 것은 우리가 복종할 수 있는 또 다른 멋진 기회다. 당신은 남편의 있는 모습 그대로가 기쁘지 않은가? 당신의 필요를 채우기 위해 하나님이 특별히 당신의 아내를 선택하셨다는 것이 감사한가? 우리 교회에 다니는 한 여성은 처음에는 하나님이 남편을 변화시켜주시길 바라는 마음으로 남편에 대해 하나님을 찬양하려 애써봤다고 말했다. 하지만 아무 일도 없었다. 그리고 나서 하나님이 우리에게 원하시는 바에 어떻게 복종할 수 있는지에 관한 설교를 듣기 시작했다. 자신의 태도를 바라보게 된 그녀는 대신에 하나님께 자신을 변화시켜달라고 간구했다. 그녀가 변하자 남편도 변했다.

배우자에게 복종한다는 의미는 무엇보다도 그들의 있는 모습 그대로를 우리가 정말로 기뻐한다는 것이다. 그들이 함께 살기 힘든 사람들이라면, 이는 우리에게 그것이 필요하기 때문이다. 자신의 완고한 자아를 없애는 데 이보다 더 좋은 방법은 없다.

좀 더 사랑스럽고 친절하며 참을성 많은 사람으로 변할 수 있는 기회를 얻어 기쁘지 않은가?

진정한 복종은 강력한 것이다. 그런 까닭에 베드로는 이렇게 말했다.

아내들아 이와 같이 자기 남편에게 순종하라 이는 혹 말씀을 순종하지 않는 자라도 말로 말미암지 않고 그 아내의 행실로 말미암아 구원을 받게 하려 함이니 **벧전 3:1**

나는 얼마 전에 다음과 같은 쪽지를 받았다.

"제 남편은 35년째 알코올 의존증에 빠져 있었습니다. 나만 옳다고 믿는 독선적인 성향이 남편을 그렇게 만든 것 같습니다. 그런데 하나님은 제가 그분께 순종하여 결혼 생활에서 올바른 위치를 찾으면, 하나님 나라에서 제 남편의 자리를 책임져주신다는 것을 성경을 통해 보여주셨습니다. 저는 술에 취해 침대에 누워 있는 남편 곁에 무릎을 꿇고 그동안 남편의 권위를 빼앗았던 것에 대해 용서를 구했고, 앞으로는 순종하는 아내가 되기로 약속했습니다.

그래서 어떻게 되었을까요? 하나님이 즉시 개입하셨습니다. 남편은 꼼짝도 하지 않고 사흘을 침대에 누워 있었습니다. 그러고 나서 일어나더니 이후로는 술을 마시지 않습니다. 남편은 그리스도와 성령님을 영접했습니다. 하나님을 찬양합니다! 하나님은 정말 놀라운 분이십니다!"

자기밖에 모르는 남편의 횡포에 오랜 세월 시달린 아내들이 있다. 이들은 가정의 평화를 지키기 위해 겉으로 적응하는 법을 배웠지만, 그것은 진정한 복종이 아니다. 당신이 고통받는 아내라면, 자신의 태도를 점검해보라. 자기 연민에는 불평이 숨어 있는데, 불평은 죄다. 당신은 남편의 있는 모습 그대로를 감사할 수 있는가? 아니면 그가 다른 모습이기를 바라는가?

남편에게 당신 자신을 맞추는 것을 기뻐하지 않는다면 복종은 진짜가 아니다. 그렇게 될 때, 하나님이 당신의 내면을 변화시키셨음을 깨닫게 될 것이다. 더 큰 기쁨과 평안을 알게 되고, 하나님의 권세와 능력이 당신 주변에서 역사하신다는 것 또한 알게 될 것이다.

결혼은 세 사람의 관계다. 아내들이여, 누가 1순위라고 생각하는가? 예수님이 1순위여야 하고, 남편이 막상막하로 2순위가 되어야 한다. 자신이 1순위라 생각해서 관심을 바라고 더 사랑받기를 원한다면, 당신은 사랑을 실천하는 것이 아니다. 사랑은 자기만족을 구하지 않고 상대방을 기쁘게 하려고 노력하기 때문이다.

남편들이여, 당신은 누가 1순위라고 생각하는가? 예수님이 1순위여야 하고, 아내가 막상막하로 2순위가 되어야 한다. 남편은 아내에 대한 권위를 갖지만, 성경 어느 곳에서도 그 권위를 강요하라고 말씀하지 않는다.

> 남편들아 아내 사랑하기를 그리스도께서 교회를 사랑하시고 그 교회를 위하여 자신을 주심 같이 하라 엡 5:25

현대의 많은 결혼 생활에서 남편들은 의사 결정권을 아내에게 맡겼다. 그렇게 하고 있다면, 당신은 아내의 진정한 필요를 무시하는 것이다. 하나님은 남편을 아내의 머리로 임명하셔서, 당신의 머리 되신 그리스도의 사랑으로 아내를 인도하고 지시하게 하셨다. 아내가 당신의 조언을 원하지 않는다면 당신은 기쁘겠는가? 그것은 당신이 하나님께 의지하고 아내를 하나님께 맡길 기회가 된다. 하나님이 당신을 아내의 머리라는 올바른 위치에 두시도록 한다면, 당신은 하나님이 아내의 복종도 책임지실 거라고 믿을 수 있다. 당신이 할 일은 아내의 있는 모습 그대로를 기뻐하고 아내를 사랑하는 데 집중하는 것이다.

부부는 걸핏하면 각자 마음속 가장 깊은 곳에 있는 반항심을 끄집어내곤 한다. 이 또한 번번이 우리가 자신의 진짜 모습을 보고, 우리 죄를 하나님께 맡길 수 있는 멋진 기회가 된다. 죄가 숨어 있는 한, 우리는 그것들을 없앨 수 없다. 그러니 당신을 정말 짜증 나게 하는 방법을 아는 아내나 남편을 하나님이 주신 것이 기쁘지 않은가?

비판이 성장하게 한다

다른 사람에게서 받기 가장 힘든 것은 아마도 비판일 것이다. 나는 내 잘못을 찾아내는 사람들 때문에 자주 상처를 받았는데, 당연히 나는 똑같은 방법으로 복수해주었다. 그리고 나서 하나님이 내게 그런 말들을 듣게 하신 것은 그 말들이 내게 필요했기 때문임을 깨닫기 시작했다. 하나님이 당신에게 명령하신 것을 기꺼이 하고자 한다면, 하나님이 당신이 듣기 원하시는 것 또한 기꺼이 듣고자 하는가?

예수님은 비판과 모욕을 견디셨고, 단 한 마디도 추악한 말로 대꾸하지 않으셨다. 우리에 대한 소문이 때로는 사실이다. 다윗은 이렇게 말했다.

의인이 나를 칠지라도 은혜로 여기며 책망할지라도 머리의 기름같이 여겨서 내 머리가 이를 거절하지 아니할지라 그들의 재난 중에도 내가 항상 기도하리로다 **시 141:5**

누군가 우리의 잘못을 발견할 때, 우리의 첫 반응은 하나님께 감사하는 것이어야 한다. 진심으로 기뻐해야 한다. 그러고 나서 성령님의 탐조등을 비추어서 그 말 가운데 진실이 있는지 살펴야 한다. 만약 그렇다면, 우리는 그것을 인정해야 한다.

우리가 부당하게 비판을 당한다면, 그 또한 기뻐해야 할 이유가 있을 것이다. 이는 복종 가운데 있는 하나님의 능력을 보여줄 멋진 기회다. 우리가 추악한 말로 대꾸한다면, 악순환은 계속된다. 사랑으로 응답한다면, 악순환은 끊어진다. 그리스도의 사랑은 비판의 말이 덜 쓰라리게 들리도록 하며, 당신을 비난하는 사람의 쓰라리고 상처받은 영혼에 치유의 약속을 가져온다.

언젠가 로렌스 웰크 리조트에서 친구 로이 와이먼과 함께 골프를 치고 있었다. 날씨가 아주 좋아서 우리는 큰 나무 그늘이 드리운 푸른 잔디를 느긋하게 걸었다. 마지막 홀을 도는데 뒤쪽에서 성난 외침이 들렸다. 얼굴을 붉힌 한 남자가 우리를 향해 주먹을 휘둘렀다.

"다른 사람들 생각은 안 합니까?"

그가 소리쳤다.

"댁들 다음에 공을 치려고 기다리는 사람들이 있다고요!"

너무 여유를 부린 나머지 서둘러 경기를 해야 한다는 것을 까맣게 잊고 있었다. 아주 잠깐, 자신을 정당화하고 싶어 하는 옛 사람 멀린의 기운이 느껴졌다. 몇 년 전만 같았어도 그 남자에게 골프채를 휘두르며 닥치라고 했을 것이다! 하지만 그 대신 그 불쌍한 남자에 대한 연민이 물밀듯 몰려들었고, 우리가 그에게 고통을 주었다는 것이 진심으로 미안했다. 나는 미소를 지으며 사과했고, 그 사람의 얼굴에서 붉은 기운이 사라지는 것을 지켜보았다. 그는 한두 마디 더 웅얼거리더니 가버렸다. 예전 같으면 그 남자의 비판이 내 오후를 망쳤을 수도 있다. 이제 하나님이 가져다주신 놀라운 변화를 깨달은 나는 평안과 기쁨을 느꼈다.

어쨌든 우리는 잘못되었다고 생각하는 것에 복종하지 않는 것이 정당하다고 느낀다. 상사가 우리의 종교에 비판적이라면, 우리는 회사의 규칙에 맞서 '예수님을 옹호할 권리'가 있다고 생각한다. 그렇다면 성경은 뭐라고 말할까?

사환들아 범사에 두려워함으로 주인들에게 순종하되 선하고 관용하는 자들에게만 아니라 또한 까다로운 자들에게도 그리하라

벧전 2:18

상사가 근무 시간 중에는 예수님에 대해 입도 뻥끗하지 말라고 한다면 당신은 입을 꼭 다물고 기뻐해야 한다! 당신에게 필

요하지 않다면 상사가 그런 식으로 말할 수 없었을 것이다. 직장에서 그리스도인임을 드러내는 가장 강력한 증거는 상사가 무엇을 요구하든 기쁘게 복종하는 것이다. 당신이 배워야 할 것을 모두 배웠다면, 상사의 있는 모습 그대로가 너무나 기뻐서 상사가 변하더라도 당신은 신경 쓰지 않을 것이다. 당신은 상사에 대해 하나님을 찬양할 수 있고, 그럴 때 하나님의 능력과 권세가 그 상점이나 사무실을 통해 뿜어져 나올 것이다.

권위로 세우는 주 안에서의 복종

복종에도 한계가 있을까? 내면의 태도에는 절대 없지만, 언젠가 하나님이 이렇게 말씀하실 날이 올지도 모른다.

"그만하면 됐다. 이제는 네가 나의 권위로 말하길 원한다."

만약 상사가 "가서 사람을 죽여"라고 말한다면, 당신은 이렇게 말해야 한다.

"죄송합니다. 그건 안 됩니다."

만약 그가 "진탕 술을 마셔!"라고 말한다면, 이렇게 말하라.

"죄송합니다. 그것도 안 됩니다."

하지만 그가 "입 다물고 가서 일이나 해"라고 말한다면 당신은 이렇게 말할 수 있다.

"네!"

정부가 잘못할 수도 있다. 하지만 우리가 정부에 저항한다면 하나님께 불순종하는 것이다.

각 사람은 위에 있는 권세들에게 복종하라 권세는 하나님으로부터 나지 않음이 없나니 모든 권세는 다 하나님께서 정하신 바라 **롬 13:1**

여기서의 권세는 공산주의자나 파시스트나 부패한 관리까지도 포함한다. 당신이 생각하기에 규칙과 규정이 지나치게 가혹하고, 세금이 너무 높고, 과속 제한 속도가 너무 낮은 것은 우리가 복종을 배워야 하기 때문이다. 당신이 과속하고 있을 때 당신을 잡아 세우는 고속도로 순찰대원에게 감사하는가? 국세청에 감사하는가?

언젠가 정부가 이렇게 말할지도 모른다.

"유대인 6백만 명을 모아서 그들을 죽이시오!"

그때가 바로 하나님이 당신에게 그분의 권위를 행사하라고 말씀하실 때이며, 당신은 이렇게 대답할 수 있다.

"미안하지만, 난 그렇게는 못 합니다."

아니면 정부가 이렇게 말할 수도 있다.

"당신의 믿음을 부인하시오. 그렇지 않으면 자유를 잃게 될 것이오."

그러면 당신은 이렇게 말하라.

"미안하지만, 나를 그냥 감옥에 처넣어야 할 겁니다!"

혹은 정부가 당신을 죽일 수도 있다. 이는 수년 동안 많은 그리스도인에게 일어났던 일로, 그들은 그리스도를 위해 죽는 것을 즐거운 특권으로 여겼다. 당신도 그렇게 하겠는가?

서로 사랑하는 법을 배우라

우리 대부분은 그 경지에 이르기까지 복종의 학교에서 가야 할 길이 너무도 멀다. 심지어 우리는 교회 안에서조차 서로 복종하지 못한다. 지금의 다양한 교파는 그리스도인들이 서로 복종하지 못한 결과다.

하나님이 다양한 사람을 교회 안에 함께 두신 까닭이 무엇이라고 생각하는가? 하나님이 그렇게 하심으로 우리는 서로 사랑하는 법을 배울 수 있다. 우리가 복종할 수 있을 때까지 그 사랑은 진짜가 아니다. 당신이 다니는 교회에 성미가 고약한 장로님들이 있는가? 모두에게 할 일을 지시하는 꼰대 목사님이 있는가? 성도들이 서로 험담하는가? 시큰둥한 교회학교 교사가 있는가? 교회가 당신이 원하는 만큼 영적이지 않은가?

하나님의 성령이 당신을 이끄시기 전에 당신이 교회를 떠나버린다면, 복종을 배울 멋진 기회를 놓치게 될 것이다. 하나님은 그 사람들을 변화시키실 수 있는데, 당신이 그들의 있는 모습 그대로를 진심으로 기뻐하는 법을 배웠을 때 그렇게 하실 가능성이 크다.

바울은 회심하기 전에 그리스도인들을 핍박했을 때 교만한 사람이었음이 분명하다. 그는 자신의 고학력과 지혜, 지위와 재산을 자랑스러워했다. 바울에게 복종과 진정한 찬양을 가르치기 위해서는 어렵고 수치스러운 경험이 많이 필요했다. 하지만 그는 배웠다. 바울이 권위를 가지고 말할 때 그의 내면에는 분명한 복종이 있었다. 그는 이렇게 말했다.

> 결혼한 자들에게 내가 명하노니 (명하는 자는 내가 아니요 주시라) 여자는 남편에게서 갈라서지 말고 **고전 7:10**

바울은 "나는 여러분에게 나의 권위를 내세우는 것이 아닙니다. 이 권위는 하나님께로부터 온 것입니다"라고 말하는 것이다. 뒤에 바울은 이렇게 기록했다.

> 그 나머지 사람들에게 내가 말하노니 (이는 주의 명령이 아니라) 만일 어떤 형제에게 믿지 아니하는 아내가 있어 남편과 함께 살기를 좋아하거든 그를 버리지 말며 **고전 7:12**

바울은 하나님이 그에게 구체적인 권위를 주지 않으셨을 때는 명령하지 않으려 주의했다. 바울은 골로새 교회의 장로 빌레몬에게 편지를 썼을 때 자신의 권위는 내려놓고 상대방에게 복종했다. 이 편지는 로마에서 바울의 사역을 통해 그리스도인이 된 빌레몬의 가출한 종 오네시모에 관한 것이다. 바울은 편지 한 장과 함께 오네시모를 그 주인에게 돌려보낸다.

> 이러므로 내가 그리스도 안에서 아주 담대하게 네게 마땅한 일로 명할 수도 있으나 도리어 사랑으로써 간구하노라 나이가 많은 나 바울은 지금 또 예수 그리스도를 위하여 갇힌 자 되어 갇힌 중에서 낳은 아들 오네시모를 위하여 네게 간구하노라 … 그를 내게 머물러 있게 하여 내 복음을 위하여 갇힌 중에서 네 대신 나를 섬기게 하고자 하나 다만 네 승낙이 없이는 내가 아무것도 하기를 원하지 아니하노니 이는 너의 선한 일이 억지같이 되지 아니하고 자의로 되게 하려 함이라 몬 8-10,13,14

바울에게는 빌레몬의 순종을 요구할 권위가 있었지만, 빌레몬의 복종이 자발적이지 않으면 그 능력과 목적을 잃게 될 것을 알고 있었다. 그래서 바울 스스로 빌레몬에게 복종하면서 상대방의 선택이 무엇이든 받아들이겠다고 말한다. 바울은 또한 빌레몬이 자기 종 오네시모에게 똑같이 할 수 있는 기회를 주는데, 오네시모는 전 주인에게 복종하기 위해 자발적으로 돌아왔다. 이러한 권위와 복종이 모든 사람을 어떻게 자유롭게 하는지 당신은 알 수 있는가?

진정한 권위는 자기를 높이거나 다른 사람들에게 강요하지 않는다. 오직 그 권위 아래 놓인 사람들의 가장 큰 유익만을 구한다. 예수님은 스스로 종이라 칭하셨고, 그것을 보여주기 위해 제자들 앞에 무릎을 꿇고 그들의 발을 씻기셨다. 당신이 가정과 교회, 직장, 정부에서 누군가에 대한 권위를 부여받았다면, 당신은 그들을 섬기고 있다고 생각하는가? 그들의 복종이 성숙하고 자발적이기를 원하면서 그들의 가장 큰 유익을 구하는가?

갈등이 있더라도 당신은 기뻐하는가? 누군가가 게으르고, 부주의하고, 무례하고, 따지기 좋아한다 해도 감사하는가? 하나님이 당신에게 진정한 권위를 가르치기 위해 그들이 그런 모습을 보이도록 하셨다는 것을 당신은 알고 있는가? 예수님을 1순위로, 어려운 부하 직원을 막상막하인 2순위로 생각하는가? 그 앞에서 무릎을 꿇고 그의 발을 씻기는 당신 모습이 보이는가? 보이지 않는다면 당신의 복종은 뭔가 부족하고, 당신의 권위는 하나님이 원하시는 모습이 아니다.

이 사실을 깨달았다는 것이 기쁜가? 그렇다면 이제 당신은 이 사실을 인정하고 용서받을 수 있으며 당신의 마음에서 진정한 복종을 가로막는 장애물을 없애달라고 하나님께 간구할 수 있다.

권위와 복종은 분리할 수 없다. 당신이 이것을 정말로 이해하기만 하면, 아무도 당신의 약점을 이용할 수 없고, 당신은 다른 사람의 약점을 이용할 수 없다. 하나님이 당신에게 권위를 가지라고 하시건, 하찮은 사람이 되라고 하시건 간에, 당신은 하나님의 뜻에 기쁨으로 복종하는 법을 배우고 있는 것이다. 하나님이 당신으로 하찮은 사람이 되길 원하신다면 가장 행복한 하찮은 사람이 되라. 왜냐하면 당신은 하나님이 당신이 되기 원하시는 그 무언가가 되는 법을 배우고 있고, 당신의 찬양은 그리스도의 기쁨으로 가득한 마음으로부터 흘러나올 것이기 때문이다.

예수님은 이렇게 말씀하셨다.

그 주인이 이르되 잘하였도다 착하고 충성된 종아 네가 적은 일에 충성하였으매 내가 많은 것을 네게 맡기리니 네 주인의 즐거움에 참여할지어다 하고 마 25:21

당신은 지옥같은 삶으로 천국이 흘러들어가는 모습을 보게 될 것이다.

11
하나님의 사랑 안에

우리 할머니는 내가 아는 사람 중 가장 행복한 분이셨다. 돌아
가실 때, 할머니의 두 다리는 괴사로 인해 까맣게 변했고 방 안
에서 악취가 날 정도였다. 그러나 사람들은 위문하러 왔다가 할
머니의 입술에서 흘러나오는 기쁨에 깜짝 놀라며 돌아갔다. 할
머니에게는 사랑하는 예수님과 곧 함께하게 될 거라는 생각밖에
없으셨다. 인간의 관점에서 보면 할머니의 상황은 끔찍했지만,
수년 동안 할머니의 관심은 그리스도에 집중되어 있었기 때문에
기쁨이 할머니 삶의 주제였다.

　아버지도 할머니와 비슷했다. 아버지는 펜실베이니아에 있는
제철소에서 노동자로 근무하셨다. 아버지가 돌아가시고 나서
7년 후, 젊은 시절의 나도 같은 제철소에 일자리를 얻었다. 내가
일하는 작은 사무실은 아버지가 일하셨던 철 용광로 옆에 있었
다. 이탈리아 출신의 연세 드신 로마 가톨릭 노동자 한 분이 종

종 나를 만나러 오셨는데, 그분은 오실 때마다 모자를 벗고 이렇게 말씀하셨다.

"멀린, 그리스도인이 되려거든 네 아버지 같은 그리스도인이 되거라."

"무슨 말씀이시죠?"

나는 난처한 기분이었다.

"네 아버지는 항상 기뻐했지. 용광로 주변을 돌다가 지치거나 낙담한 사람을 만나면 네 아버지는 그 사람에게 말을 건네고는 한쪽으로 물러났단다. 우리는 네 아버지가 두 손을 드는 것을 볼 수 있었는데, 네 아버지가 하나님께 감사하고 있다는 걸 알 수 있었지."

그 이야기는 내가 어렸을 때 아버지와 함께 교회에서 맨 앞줄에 앉아 당황스러워했던 것만큼이나 언제나 나를 당황스럽게 했다. 아버지는 때때로 그 고요한 감리교회에서 기쁨에 겨워 펄쩍 뛰면서 "주님을 찬양합니다!"라고 외쳤다. 나는 의자 아래로 숨고 싶었지만, 수년 동안 아버지가 예수님을 실감할 수 있게 해달라고 기도했던 어머니는 아버지를 자랑스럽게 여기셨다.

아버지는 고작 서른여섯 나이에 돌아가셨는데, 침대에 앉아 "저길 봐! 나를 데려가려고 그들이 왔구나!"라고 말씀하시던 너무나 아버지다웠던 행복한 모습이 기억난다. 그러고 나서 아버지는 다시 베개에 기댄 채 돌아가셨다.

내가 할머니와 아버지의 행복 비결을 이해하기까지는 오랜 시간이 걸렸다. 두 분은 하나님의 사랑을 확신하셨다. 두 분은 하나님을 잘 아셨고 신뢰했으며, 모든 상황 - 고통과 죽음까지도 - 을 하나님의 손에서 비롯된 선물로 여기셨다.

사랑이 사랑하게 한다

두 분처럼 하나님을 찬양할 수 있게 되는 것이 내 마음의 오랜 소원이었다. 최근에도 이에 관한 생각을 하고 있었는데, 마음속에 뭔가 쿡 찌르는 느낌이 들었다.

"더 높이 올라가자꾸나, 멀린."

그 생각은 몇 번이고 계속 떠올랐는데, 그게 무슨 의미인지 궁금했다. 생각나는 것이라곤 높은 산이나 비행기뿐이었다. 어쩌면 하이킹과 비행을 좀 더 많이 해야 했나 보다!

조그만 다람쥐 한 마리가 내 앞에 있는 나무 위로 곧바로 기어오르자, 나도 모르게 심장이 뛰었다. 저 다람쥐가 벗겨진 나무껍질을 붙잡고 굴러떨어져 죽는다면 어떻게 될까? 하지만 내가 바라보는 사이 그 다람쥐는 훨씬 더 높이 올라가 나무 꼭대기에 다다랐고, 다람쥐의 무게 때문에 휘어지고 흔들리는 작은 나뭇가지 위로 올라갔다. 지켜보는 것만으로도 무서운 광경이었지만, 다람쥐가 푸른 하늘을 배경으로 앞뒤로 우아하게 움직이자 문득 다람쥐가 멋진 시간을 보내고 있다는 생각이 들었다. 내가 보기에는 위험하게만 보이는 그 높이가 다람쥐에게는 자연스러운 상황이었다. 다람쥐는 땅 위에 있는 것보다 나무 꼭대기에 있을 때 편안했다.

또다시 뭔가 쿡 찌르는 그 느낌이 들었다.

"멀린, 네가 있어야 할 곳으로 나와 함께 더 높이 올라가자꾸나. 넌 멋진 시간을 보내게 될 거야!"

인간은 물리적 높이만큼이나 영적 높이를 무서워한다. 우리는 더 높은 곳에 속해 있지만, 떨어지고 싶지 않아서 땅 위에 있는 것이 안전하다고 생각한다. 하나님은 이렇게 말씀하신다.

"나는 너와 교제하고 싶어서 너를 창조했단다. 오물과 오염이 너를 낙담시키고 끌어내리는 저 아래가 아니라, 여기 위에, 그리스도인의 성숙함이라는 깨끗하고 맑은 공기 가운데 네가 있으면 좋겠구나."

나는 이렇게 생각했다.

'주님, 높이 올라가고 싶습니다. 하지만 어떻게 해야 그곳에 갈 수 있을까요?'

그때 머릿속에 예수님이 사마리아의 우물가에서 여인을 만나셨던 이야기가 떠올랐다. 예수님은 여인에게 우물물은 아주 잠시 목마름을 달래줄 뿐이지만, 자신은 그녀 안에서 솟아나는 우물처럼 영생과 함께 끊임없이 흘러나오는 물을 주겠다고 말씀하셨다. 여인은 그 물을 마시고 싶다고 말하더니 대화 주제와는 관련이 없어 보이는 질문을 던졌다.

"우리는 어디에서 하나님을 예배해야 합니까? 사마리아의 산입니까, 아니면 예루살렘입니까?"

여인의 질문에 예수님은 이렇게 대답하셨다.

> 너희는 알지 못하는 것을 예배하고 우리는 아는 것을 예배하노니 이는 구원이 유대인에게서 남이라 아버지께 참되게 예배하는 자들은 영과 진리로 예배할 때가 오나니 곧 이때라 아버지께서는 자기에게 이렇게 예배하는 자들을 찾으시느니라 요 4:22,23

나는 이렇게 생각했다.

"하지만 주님, 저는 생명수가 흐르는 우물이 제 안에 계신 성령님이시란 것을 이미 알고 있습니다. 그리고 영과 진리로 주님을 예배하는 것에 대해서도 좀 알고요…."

그러자 이렇게 말씀하시는 것 같았다.

"영과 진리로 예배하는 것은 마르지 않는 생명수의 우물처럼 계속되는 것인데, 너는 그렇게 하고 있느냐?"

"아니요, 주님….”

"더 높이 올라가고 싶으냐?”

"네, 주님….”

기나긴 침묵이 흘렀고, 나는 우리가 교회에 가서 자리에 앉아 찬송을 부르며 "주님을 찬양합니다”라고 말하면서도 영과 진리로 예배하지 않는 것은 아닌지 생각해보았다. 주님을 찬양하는 법을 배우기 시작하면 우리는 기도 응답을 받게 된다. 찬양을 하면 잠시 기분이 좋아지고 만족감을 느끼지만, 이내 낙담하기 시작하면서 우리는 다시 목마르게 된다.

'무엇이 내 안의 우물을 끊임없이 흐르게 하는가?'라는 질문이 마음속에 떠올랐다.

"네가 나를 더 사랑할수록 더 많은 생명수가 흐른다.”

"하지만 저는 주님을 정말로 사랑하는데요….”

침묵이 흘렀고, 펼쳐진 성경책의 한 말씀이 내 눈에 들어왔다.

"너희는 알지 못하는 것을 예배하고.”

갑자기 그 의미가 분명해졌다. 우리 예배가 공허한 것은 우리가 하나님에 대해 충분히 이해하거나 깨닫지 못하기 때문이다. 알지 못하는 것을 사랑할 수는 없다.

나는 종종 사람들이 이렇게 말하는 것을 듣는다.

"어떻게 하면 하나님을 정말로 사랑할 수 있을까요? 하나님이 눈에 보이지는 않지만, 그분이 전능하시고 위대하시다는 건 압니다. 하찮은 인간이 그렇게 거대하고 막연한 존재를 어떻게 실제로 사랑할 수 있겠어요?"

하나님을 사랑하는 것이 때로는 어려운 개념이긴 하지만, 하나님을 사랑하는 것은 인간의 힘으로 할 수 있는 것이 아님을 인정해야 할 것이다.

우리가 사랑함은 그가 먼저 우리를 사랑하셨음이라 요일 4:19

하나님의 사랑이 우리에게 임해야 우리는 하나님을 사랑함으로 화답할 수 있다. 하나님이 그리스도를 통해 주신 그 사랑을 우리가 받아들이면, 우리는 하나님을 사랑할 수 있게 된다.

사랑은 동사다

예수님은 우리에게 직접 말씀하셨다.

네 마음을 다하고 목숨을 다하고 뜻을 다하여 주 너의 하나님을 사랑하라 하셨으니 이것이 크고 첫째 되는 계명이요 마 22:37,38

따라서 하나님을 사랑하는 것은 그저 우리가 해야 할 바람직

한 일이 아니라 명령이다. 우리는 하나님께 나아와 이렇게 말해
야 한다.

"어떻게 하면 하나님을 사랑하는 법을 배울 수 있을까요?"

예수님은 우리가 어떻게 해야 하는지에 대해 이렇게 말씀하
신다.

> 예수께서 대답하여 이르시되 사람이 나를 사랑하면 내 말을 지키리
> 니 내 아버지께서 그를 사랑하실 것이요 우리가 그에게 가서 거처를
> 그와 함께하리라 요 14:23

사랑은 동사이므로 우리는 하나님이 명령하신 대로 행함으로
써 그분을 사랑한다. 하나님이 "범사에 감사함으로 너의 사랑
을 표현해보아라"라고 말씀하시면 우리는 그렇게 하기 시작해
야 한다. 왜냐하면 하고 싶건 그렇지 않건 간에 우리가 반드시
그렇게 해야 한다고 하나님이 말씀하시기 때문이다. 하나님께
순종하는 방법을 더 많이 배울수록 우리는 하나님을 더 잘 알고
더 사랑하게 된다.

예수님은 이렇게 말씀하셨다.

> 나의 계명을 지키는 자라야 나를 사랑하는 자니 나를 사랑하는 자

는 내 아버지께 사랑을 받을 것이요 나도 그를 사랑하여 그에게 나를 나타내리라 **요 14:21**

예수님이 어디에서 자신을 나타내시리라고 생각하는가? 예전에는 우리가 고통밖에 볼 수 없었던 바로 그 상황에서 나타나실 것이다.

내가 약할 그때에 강함이라

이십 대 후반의 젊은 주부 샌드라는 십대 때부터 심각한 편두통으로 고생했다. 두통은 예고도 없이 찾아와 하루에서 이틀 내내 사실상 그녀를 마비 상태에 빠뜨리곤 했다. 시야가 흐려지며 열이 올랐고, 그 어떤 의학이나 치료 요법도 도움이 되지 않는 것 같았다.

그리스도인이 된 후에도 그녀는 살려달라고 하나님께 울며 매달렸지만, 통증은 사라지지 않았다. 때로 그녀는 이제 그리스도와 함께하는 영생을 확신하게 되었으니, 이런 고통을 겪기보다는 차라리 죽는 편이 낫겠다고 생각했다.

어느 날 누군가 그녀에게 내 책 《걷고 뛰며》를 건넸다. 모든 일에 하나님께 감사하라는 말이 새롭게 다가왔지만, 거기에 동의할 수 있을지는 확신할 수 없었다. 며칠 뒤, 그녀가 파티에 참석했을 때 또다시 두통이 찾아왔다. 그녀는 친구에게 사실을 털어놓으면서 눈이 흐려져 운전할 수 없게 되기 전에 서둘러 집에 돌아가야겠다고 설명했다.

"네가 가지고 있는 두통에 대해 하나님께 감사해야겠다는 생각을 해본 적은 있니?"

"당연히 없지!"

샌드라는 눈에 띄게 동요했다.

"좋은 일에는 하나님께 감사하지. 그렇다고 두통처럼 끔찍한 일에 대해 하나님을 탓할 수도 없지. 그건 옳지 않아."

"그럼 내가 너에 대해서 하나님께 감사해도 괜찮겠니?"

그 친구가 물었다.

"있잖아, 나는 하나님이 너의 고통보다 더 강한 분이라고 생각해. 하나님이 원하시면 그 고통을 없애주실 거야. 하나님이 아직 고통을 가져가지 않으신 걸 보면, 그럴 만한 이유가 있어서 네 두통을 원하시는 거라고 생각하는 게 맞지 않을까? 그러니 하나님께 감사하고 무슨 일이 일어나는지 우리가 함께 지켜보는 게 어때?"

샌드라는 친구가 범사에 하나님께 감사해야 한다고 강조하는 성경 구절을 몇 가지 인용하는 것을 들었다. 그리고 단호하게 고개를 끄덕이며 이렇게 말했다.

"하나님이 내 고통보다 더 강한 분이시란 걸 알아. 나는 하나님이 왜 이런 두통을 겪게 하시는지 항상 의아했어. 하지만 하나님이 내가 하나님께 감사해야 한다고 말씀하신다면 노력해보겠다고 약속할게. 죽는 한이 있더라도 말이야."

샌드라는 얼굴을 찌푸렸다. 통증이 점점 심해지는 것 같았다.

"내게 유익이 되는 것이 무엇인지 나보다 하나님이 더 잘 아실 테니, 나는 하나님께 순종하길 원해."

그 후 24시간 동안 샌드라는 중요한 사실을 발견했다. 생각을 하나님께로 향하고 고통에 대해 하나님께 감사하자 통증이 한결 견딜 만해졌다. 통증 자체에만 집중했을 때는 증상이 악화되었다.

"그러니까, 하나님이 제 고통을 통제하고 계시는군요. 그렇죠, 하나님?"

그녀는 한밤중 어둠 속에서 이렇게 속삭였다.

"하나님이 정말로 이곳에 계시고 제 두통에 관심이 있다는 것을 보여주셔서 감사합니다."

그날 밤 그녀는 편두통이 생기고 나서 처음으로, 통증을 가라앉히려고 자다가 깨는 일이 없었다. 얼음주머니를 사용하거나, 찬물로 씻거나, 진통제를 먹지 않았다. 그 대신 그녀는 하나님께 이렇게 말했다.

"하나님이 통제하신다는 것을 알게 되었으니, 제가 무엇을 감당할 수 있는지 하나님이 가장 잘 아신다고 생각합니다. 하나님은 제가 견딜 수 있는 것 이상으로 힘들게 하지 않으실 겁니다. 감사합니다."

다음 날 아침, 그녀의 입술에 생긴 포진을 본 남편이 말했다.

"여보, 어젯밤에도 힘들었나 보군요. 평소처럼 나를 깨우지 그랬어요?"

"힘들었지만 괜찮았어요. 하나님이 함께 계셨고 제 고통을 책임지셨거든요. 하나님이 주시는 것이라면 무엇이든 감당할 수 있어요."

그녀는 미소를 지으며 이렇게 말했다.

몇 주 후, 샌드라의 가족 몇 명이 우리 교회에 찾아와 그녀를 위한 특별 기도를 부탁했다. 그들은 하나님이 기도를 들으시고 그녀를 고쳐주셨다고 확신했고, 샌드라에게 좋은 소식을 전하러 집으로 돌아갔다.

"두 번 다시 이런 통증을 겪지 않을 거야."

2주 후, 언제나처럼 정신을 차릴 수 없는 두통이 다시 찾아왔지만, 샌드라는 친구에게 행복하게 고백했다.

"그러니까 하나님은 내가 아직 고침 받기를 원하지 않으셨어. 하지만 나는 이런 통증을 겪는 것이 행운이라고 생각해. 하나님이 나를 얼마나 사랑하는지 보여주시기 위해 그 통증을 사용하시는 거니까. 내가 낫지 않아서 남편은 실망했지만, 난 걱정하지 말라고 했어. 그냥 가만히 누워서 하나님이 이번에 나에게 가르치고자 하시는 것을 즐기게 해달라고 말했어."

그녀의 목소리는 행복으로 가득 차 있었다.

"나는 완전히 새로운 방법으로 하나님을 알아가고 있어. 내가 통증을 느끼는 모든 시간 동안 하나님은 나와 함께 계셔. 일상생활을 할 때와는 전혀 다른 방식으로 하나님과 대화도 한단다. 내가 조용해지면 하나님의 임재하심을 정말 실감할 수 있어. 하나님은 내가 정말로 사랑받고 있고 정말 특별한 존재라고 느끼도록 해주셔."

샌드라는 떨리는 목소리로 말을 이었다.

"신세를 한탄하며 보낸 지난 몇 년을 생각해보면 말이야, 저런, 내가 불평했던 바로 그것이 알고 보니 내 삶에서 가장 큰 축복이었더라고."

자기 어머니가 예수님과 인격적인 관계를 맺게 되기를 기도했던 그녀는 이렇게 말했다.

"내가 통증에 대해 하나님께 감사하기 시작한 이후, 엄마는 기독교에 호기심이 많아지셨어. 엄마는 몇 년 동안 내가 두통으로 거의 미쳐가는 걸 지켜보셨거든. 이제 엄마는 나에게 무슨 일이 정말로 일어났다는 걸 아셔. 하나님이 내 통증을 사용하셔서 엄마에게 그분의 사랑을 보여주실 수 있다면 정말 놀라운 일 아니겠니?"

샌드라는 하나님이 그녀의 고통을 언젠가는 거두어가실 것이라고 믿는다.

"그 고통을 통해 가르치실 놀라운 것들이 남아 있는 한, 이 고통을 거두어가진 않으시겠지만, 그래도 난 기뻐!"

샌드라는 바울이 뜻했던 바가 무엇인지 깨달았다.

> 그러므로 내가 그리스도를 위하여 약한 것들과 능욕과 궁핍과 박해와 곤고를 기뻐하노니 이는 내가 약한 그때에 강함이라 **고후 12:10**

바울은 고난과 고통을 기뻐했다. 그것들을 견딘 것이 아니라 즐겼다. 고난이나 고통이 왜 있는지 이해하지 못할 수도 있지만, 한 가지는 분명히 알 수 있다. 당신이 고난과 고통을 즐거워한다면 그것들은 하나님 사랑의 숨겨진 보물들을 당신에게 드러낼 것이다.

신뢰 안에서 순종하는 사랑

내가 알래스카에 갔을 때, 누군가 어떤 언덕을 가리키며 1897년

황금광 시대에 에드 렁이라는 남자가 파산한 후 절망에 빠져 앉아 있던 곳이라고 알려주었다. 에드는 알래스카에서 황금이 발견되었을 때 최초 도착자 중 하나였지만, 어찌 된 일인지 황금이 발견된 지점에 언제나 하루 늦게 도착했다. 어느 날 그는 울음을 터뜨리기 일보 직전 상태로 언덕에 주저앉아 차라리 빈털터리로 고향인 워싱턴주 타코마로 돌아가는 게 나을지도 모른다고 생각했다.

몇 주 뒤, 또 다른 남자가 그가 앉았던 바로 그 자리에 막대를 꽂았다가 10억 달러 상당의 금을 생산해낸 그 유명한 '황금 언덕'(Gold Hill)을 발견했다.

하나님께 순종하고 감사한다면 당신의 가장 큰 기쁨의 원천이 될지도 모를 바로 그 문제 위에서 낙담하고 절망한 채로 앉아 있지 않은가? 하나님은 당신이 하나님께 순종할 만큼 그분을 신뢰하고 사랑하기를 원하신다.

누군가에게 저녁 식사 초대를 받아 갔는데 그동안 당신이 한 번도 보지 못한 음식을 대접받아 본 적이 있는가? 예의상 한 숟가락만 담아야 할지 아니면 한 접시 가득 담아야 할지 판단이 서지 않았다. 그때 곁에 앉아 있던 아내가 이렇게 속삭인다고 해보자.

"여보, 난 이 음식 알아요. 당신도 분명히 좋아할 거예요!"

그 말에 당신은 조금도 망설이지 않고 음식을 한가득 담을 것이다. 당신이 무엇을 가장 좋아하는지 아내가 정확히 알고 있다는 것을 당신도 알기 때문이다.

당신이 아내를 그만큼 신뢰할 수 있다면, 당신 삶에 특정한 상황이 일어났을 때 당신에게 다가와 "나는 이게 뭔지 안단다. 너도 분명히 좋아할 거야!"라고 속삭이시는 하나님을 신뢰할 수는 없는가?

하나님이 우리에게 주시는 것을 거부하는 것은 그분에게 불순종하는 것이며, 우리가 그분을 사랑하지 않는다는 의미다. 하나님께 불순종하면서 그분을 사랑한다고 말하는 것은 모순이다. 말도 안 되는 이야기다. 예수님은 이렇게 말씀하셨다.

> 내가 아버지의 계명을 지켜 그의 사랑 안에 거하는 것같이 너희도 내 계명을 지키면 내 사랑 안에 거하리라 **요 15:10**

당신이 그동안 불순종했다면 그것을 고백하면서 이렇게 말씀드리라.

"주님, 주님이 제게 원하셨던 일들에 충분히 주의를 기울이지 못한 것은 잘못했습니다. 저를 용서하시고 주님을 더욱 사랑할 수 있도록 도와주십시오."

하나님께 이렇게 말씀드리는 것은 더 높이 올라가고 싶다고 말하는 것이며, 하나님은 두 가지만 당신에게 요구하신다. 할 수 있는 한 최선을 다해 하나님께 순종함으로 당신의 사랑을 보여줄 것, 그리고 예배와 찬양으로 하나님에 대한 당신의 사랑을 선포하는 것이다.

하나님이 얼마나 위대하신지, 사람들이 그분께 말씀드려야 하는 이유는 무엇인가? 하나님은 그런 것을 필요로 하지 않으시지만, 우리는 그럴 필요가 있기 때문이다. 하나님은 그분의 위대함을 잘 알고 계시지만, 우리는 여전히 그것을 배우고 있기 때문이다.

하나님이 우리를 위해 행하신 모든 것에 대해 하나님을 높여 드리며 찬양할 때, 그로 인해 우리 안에 무언가가 일어나며 우리가 이전에 보았던 것보다 훨씬 더 많은 하나님의 위대하심을 보게 될 것이다. 우리 안에 계신 성령님은 우리 찬양 가운데 함께 하시며 우리는 점점 더 높이 올려진다.

하나님을 더 사랑하기 원한다고 날마다 고백하라. 그리고 불평하고 있는 당신을 깨달을 때마다 고백하라. 옛 육신을 입고 살아가는 한 우리는 하나님을 충분히 사랑할 수 없지만, 하나님은 우리가 최선을 다하는 모습을 보며 기뻐하신다. 하나님이 바라시는 것은 그뿐이다. 그분은 있는 모습 그대로 우리를 사랑하신다.

당신이 하나님을 사랑해야만 하는 모든 이유를 적은 목록을 만들어보라. 날이 갈수록 그 목록은 점점 늘어날 것이다. 모든 것에 대해 하나님께 감사하라. 큰 소리로 그 이유를 말하고, 당신이 받은 축복에 대해 찬양하라. 그분을 높여드려라. 그리고 다른 사람들과 그것을 나누라.

마음으로 주께 감사하며 노래하라

바울은 에베소의 그리스도인들에게 이렇게 조언했다.

> 시와 찬송과 신령한 노래들로 서로 화답하며 너희의 마음으로 주께 노래하며 찬송하며 엡 5:19

이 말씀을 규칙적으로 실천하면, 당신은 우울함과 좋지 않은 기분으로부터 높이 들어 올려질 것이며, 하나님에 대한 당신의 사랑은 꾸준히 자라날 것이다.

글로리아라는 젊은 여성은 집안일에 불만이 엄청나게 많았는데, 남편은 그녀가 어설프고 부주의하다며 비난했다. 그녀의 집이 깔끔해 보이지 않는 건 사실이었다.

어느 날, 범사에 하나님께 감사해야 한다는 말을 들은 글로리

아는 불평이 심각한 죄라는 것을 깨달았다. 그녀는 하나님께 잘 못했다고 말씀드렸고, 앞으로는 최선을 다해 순종하겠다고 약속했다. 그녀는 기름때가 낀 가스레인지 상판, 정리되지 않은 냉장고, 지저분한 바닥처럼 자기가 가장 싫어하는 것들에 대해 하나님께 감사하기 시작했다. 그러면서 집 안을 둘러보던 그녀는 문득 하나님이 이 모든 것을 주셨다는 것을 깨달았다. 매우 특별하거나 귀중한 것이 아니었다면 하나님이 그녀에게 주시지 않았을 것이다. 하나님은 그녀의 마음에 들지 않았던 그것들을 그녀가 사랑하기 원하셨다. 이것은 글로리아에게 흥미로운 깨달음이었다.

"저는 하나님이 제 집과 물건들을 사랑하신다는 것을 깨닫기 시작했습니다. 의자, 카페트, 그림, 냄비, 접시 하나하나가 갑자기 달리 보였습니다. 제가 예전에 그것들을 얼마나 소홀히 다루었는지요! 하나님이 저에게 마땅히 돌보라고 주셨던 것들을 사랑하지 못했던 저를 용서해달라고 기도했습니다. 제가 소홀히 했던 구석 자리를 발견할 때마다 이렇게 말했습니다. '불쌍한 구석 자리야, 하나님은 너를 사랑하시고 나도 너를 사랑한단다. 더는 너를 소홀히 하지 않을게.'"

자기 이야기를 들려주던 그녀가 웃음을 터뜨렸다.

"저는 우리 집과 사랑에 빠졌고, 이제는 저 자신까지도 사랑한답니다! 저는 제 어설픔과 부주의함이 싫지만, 하나님은 제가 하는 모든 실수를 용서하시고, 제가 최선을 다하기만을 바라십니다. 하나님은 그저 제가 힘이 닿는 데까지 하나님을 사랑하기를 원하시고, 저는 매일 조금씩 그분을 더욱 사랑하고 있습니다."

집안일은 더 이상 지루하지 않았다. 글로리아의 갈색 눈동자는 흥분으로 반짝거렸다.

"저에게 새롭게 찾아온 이 사랑은 단순한 감정보다 더 견고해서 그날그날의 제 기분에 영향을 받지 않습니다. 하나님이 저를 얼마나 사랑하시는지 생각하면 그분이 주신 모든 것을 사랑하지 않을 수 없습니다. 저는 아이들이 거실 카페트 위에 남긴 더러운 발자국이나 벽에 묻은 아이들의 기름진 손자국조차도 사랑합니다. 전 이렇게 말해요. '주님, 이 지저분한 자국도 전부 감사합니다. 우리 아이들도 감사하고요. 제가 아이들을 더욱 사랑할 수 있게 도와주세요.' 그러면 제 안에서 사랑이 샘솟는 것을 느낍니다. 사랑할 것이 너무나 많은 저는 세상에서 가장 복이 많은 사람입니다."

남편은 더 이상 집이 지저분하다고 불평하지 않는다. 방은 깨끗하고, 꽃병에는 꽃들이 피어 있으며, 글로리아의 주방에서는 대개 맛있는 음식 냄새가 난다. 글로리아는 무슨 일을 하든지 기뻐한다는 바울의 이야기가 무슨 뜻인지를 깨달았다. 그것은 대개 기상, 설거지, 세차, 장보기, 지붕에 난 구멍 메우기처럼 우리가 해야 하는, 사소하지만 우리를 짜증 나게 하는 일들이다.

하나님은 우리 각자에게 특별하게 돌보아야 할 사소한 일들을 맡기셨고, 우리는 이런 말씀을 받는다.

또 무엇을 하든지 말에나 일에나 다 주 예수의 이름으로 하고 그를 힘입어 하나님 아버지께 감사하라 골 3:17

우리가 해야 하는 모든 일은 하나님에 대한 사랑의 선언이 되어야 한다. 그러면 그분의 사랑이 우리를 더욱 높이실 것이다.

당신이 정말로 아끼는 사람이 있는가? 남편이나 아내, 아니면 첫째 손주인가? 그들을 바라보는 것만으로도 사르르 녹아내릴 것 같은가? 당신은 그들 곁에 있고 싶고, 끊임없이 그들을 칭찬하고, 그들을 행복하게 할 수 있는 일이 무엇인지 생각할 것이다. 그들이 당신에게 무언가를 해주기 때문이 아니라, 그들의 존재 자체만으로 당신은 그들을 사랑한다. 이것이 하나님이 나와 아내 메리에게 주신 관계다. 우리는 언쟁이나 사소한 말다툼, 심지어 상대방을 어떻게든 바꿔보려는 작은 욕심도 가져본 적이 없다. 이처럼 완벽하고 과분하며 끝이 없는 조화로움을 주셨다는 사실에 우리는 끊임없이 놀라워한다.

그렇지만 나를 곤란하게 하는 아내의 문제가 한 가지 있다. 때때로 아내는 잔잔한 웃음소리로 한밤중에 나를 깨우곤 한다. 잠꼬대를 하는 것이다. "예수님, 감사합니다"라고 말하고는 다시 조용하고 행복하게 웃는다. 아내의 행복은 우리에게 사소한 문제가 되기도 한다. 도시 전역에서 열린 집회에서 아내가 간증을 마친 후, 나는 "남편보다 아내가 확실히 한참 어리다"라고 생각하는 청중이 있느냐고 물었다. 90퍼센트 정도의 청중이 손을 들었다. 나는 주님이 그들을 용서해주실 것이라고 말한 뒤, 아내가 스물네 살짜리 아들을 둔 어머니라고 알려주었다. 청중은 감탄사를 내뱉으며 아이가 스물네 살이 넘었다는 사실을 믿기 힘들어했다. 행복과 사랑 때문에 어떤 사람들을 제 나이보다 한참 어려 보인다.

하나님에 대한 우리의 사랑이 일정한 지점에 이르면 우리는 하나님을 흠모하기 시작한다. 우리의 마음에는 말로 표현할 수 없는 찬양이 차고 넘치게 될 것이고, 우리는 이렇게 고백할 것이다.

"아버지, 저를 위해 아무것도 하실 필요 없습니다. 저는 그저 주님을 가까이하고 사랑하기 원합니다. 저의 영적 갈증을 해소할 또 다른 축복을 원하지도 않습니다. 주님이 저를 사랑하시니 만족하고, 주님이 주신 모든 것을 사랑합니다."

다윗은 이렇게 노래했다.

내 영혼아 여호와를 송축하라 내 속에 있는 것들아 다 그의 거룩한 이름을 송축하라 시 103:1

우리 내면 가장 깊은 곳에 있는 모든 것이 애정 어린 감사한 마음으로 "하나님, 하나님을 정말 사랑합니다!"라고 말할 때, 우리 안에 있는 우물이 막힘없이 흐르기 시작한다. 그리스도인으로서 당신의 삶은 더 이상 기복 없이 더 높이 올라가기만 한다. 기분이 좋아지게 해달라고 누군가에게 기도를 부탁할 필요가 없다. 내면의 그 우물이 계속해서 흘러나오기 때문이다.

제아무리 놀라운 치유를 받는다 해도 당신의 기쁨은 그것을 통하여 오지 않는다. 제아무리 놀라운 기도 응답을 받는다 해도 당신의 기쁨은 그것을 통하여 오지 않는다. 당신의 기쁨은 하나님과의 사랑을 통하여 온다.

고통 속에서 드리는 사랑의 화답가

내가 이제까지 만난 사람 중 가장 기쁨에 넘치는 사람이 침대에 누운 채로 우리 교회에 찾아왔다. 에스더 리는 마비 증세가 있는 시각 장애인으로, 한 손 엄지만 겨우 움직일 수 있었다. 뼈도 너무 약해서 팔다리를 움직이면 부러질 것만 같았다.

만남에 앞서 통화했을 때 에스더의 목소리는 마치 모든 좋은 것으로 크게 축복받은 사람처럼 자신감이 넘치는 행복으로 가득했다. 그녀가 류머티즘성 관절염으로 여러 해 동안 침대에 누워 있었다는 것을 나는 알고 있었다.

얼마 전에 의사들은 그녀를 포기하고는, 남편에게 아내를 천국에 보낼 준비를 하라고 말했다. 그때 한 친구가 《감옥에서 찬송으로》를 가지고 와서 그녀에게 세 번이나 큰 소리로 읽어주었다. 잃을 게 없다고 생각한 그녀는 자기 고통에 대해 하나님을 원망하기보다는 찬양해보기로 결심했다. 그것이 삶의 전환점이 되었다.

사업이 망하고, 남편에게 심장마비가 찾아오고, 자녀들이 병에 걸리는 등 집안에 재앙이 닥쳐도 그녀는 계속 찬양했다. 이 모든 일을 통해 그녀는 새로운 방법으로 하나님의 사랑을 깨닫기 시작했다.

"하나님은 제가 일평생 칭얼대며 불평하는 비참하고 씁쓸한 존재였다는 것을 보여주셨습니다. 제가 하나님께 소리 질러 용서를 구하자 하나님의 사랑이 내려와 죄로 병든 제 영혼을 치유하셨고, 기쁨과 평안으로 저를 채우셨습니다."

건강 상태 때문에 아주 약해진 목소리였지만, 그 목소리에 힘이 생길 때까지 그녀는 계속해서 큰 소리로 외쳤다.

"하나님을 찬양합니다. 하나님을 사랑합니다."

그녀는 음악에 전혀 조예가 없었는데, 하나님을 찬양하다 보니 마음속에 가사와 선율이 떠올랐다. 노래를 부르기 시작했고, 그녀의 목소리는 이전에는 없던 음색을 갖게 되었다. 그녀의 노래를 듣고 감동한 사람들이 그녀를 설득하여 〈영광이 시작되는 곳〉이라는 제목의 음반을 만들었다.

그녀의 침대 곁에는 전화기가 설치되어 있었다. 에스더는 엄지손가락 하나로 전화기를 조작할 수 있었기 때문에 자신의 믿음에 격려를 얻고자 전국 각지에서 전화를 걸어오는 사람들과 이야기를 나눌 수 있었다.

에스더는 우리 교회를 방문하기 위해 팜스프링스에 있는 자택을 출발하여 에스콘디도까지 침대가 들어갈 만큼 커다란 트레일러를 타고 왔다. 찜통 더위에 트레일러에 갇혀 있는 것은 양철 오븐 안에 들어가 있는 것 같아서 여행은 마치 고문과도 같았다. 우리를 만나기 위해 2년을 기다렸던 에스더는 우리 교회에 들어서는 순간 자신이 치유될 것이라고 믿었다.

그러나 그 대신 일어난 일은 그녀가 침대에서 벌떡 일어난 것보다 그 자리에 있었던 사람들에게 더 큰 인상을 남겼다. 그녀가 진심 어린 찬양으로 하나님께 감사했기 때문에 우리는 그녀가 기뻐하고 있다는 것을 알 수 있었다. 침대에 누운 채로 그녀는 성도들에게 하나님이 주신 축복에 관해 한 시간 동안 이야기했다. 그녀는 웃음이 가득한 목소리로 노래하며 찬양을 이끌었다.

그녀의 몸 상태는 보는 사람들이 연민과 슬픔을 느낄 정도였지만, 오히려 우리는 침대에 누운 연약하고 쇠약한 몸 너머에 있는 하나님과의 아름다운 관계를 깨닫고는 감동받아 울고 웃었다. 그녀는 앞을 보지 못하고 움직일 수도 없었지만, 찬양의 영광스러운 능력에 대해 우리에게 가르침을 주었다. 그녀는 하나님께 온전히 복종함으로 생명을 찾았고, 우리 대부분이 상상할 수 없는 극심한 고통과 고난을 통해 놀랍고 친밀한 하나님의 사랑을 발견했다고 이야기했다.

찬양을 인도하는 그녀의 얼굴에서는 사랑이 빛났다. 그것은 하나님이 우리를 위해 하시는 일이 아니라, 하나님이 그리스도 안에서 이미 하신 일에 의존하는 사랑이었다. 가장 큰 신체적 약점보다 더 강한 사랑이며, 보이지 않는 눈으로 하나님을 보는 그런 사랑이었다. 나는 다윗의 시편을 떠올렸다.

성도들은 영광 중에 즐거워하며 그들의 침상에서 기쁨으로 노래할지어다 **시 149:5**

당신은 하나님을 찬양하며 노래하는가? 고통 가운데, 불가항력적인 문제 가운데, 힘든 상황 가운데에서 "하나님, 사랑합니다. 하나님, 감사합니다. 하나님 찬양합니다!"라고 큰 소리로 노래할 수 있는가? 아니면 어딘가 저 먼 곳에서 하나님이 나타나 당신을 위로해주시기를 기다리며 낙담하고 있는가? 당신이 귀를 기울이면 이렇게 말씀하시는 하나님의 음성을 듣게 될 것이다.

"조금만 더 높이 올라와서 나를 사랑하는 법을 배우렴."

당신이 하나님을 충분히 사랑하지 않고 있다면, 이제 힘이 닿는 데까지 하나님을 사랑하라. 당신은 하나님을 아주 조금 사랑한다. 그렇지 않은가? 하나님을 더 많이 사랑하지 않는 당신을 하나님은 용서하신다. 그리고 당신이 "제가 힘이 닿는 데까지 주님을 사랑합니다. 제가 더욱 사랑할 수 있도록 도와주십시오"라고 말하기 시작하면 하나님은 당신을 도우실 것이다.

바울은 이렇게 말했다.

주께서 너희 마음을 인도하여 하나님의 사랑과 그리스도의 인내에 들어가게 하시기를 원하노라 **살후 3:5**

우리가 진심으로 하나님을 사랑하고자 하면 예수님은 친히 우리의 마음을 인도하실 것이다. 예수님의 인도하심에 순종하면 당신은 외적인 상황 변화에서 오는 것이 아닌 위안을 발견하게 될 것이다. 하나님을 더욱 사랑하기 시작하면 당신 내면에 무언가가 일어날 것이다. 당신이 영과 진리로 하나님을 예배할 때까지 생명수의 우물이 끊임없이 흐르기 시작할 것이다. 당신의 문제는 당신이 영과 진리로 예배하도록 돕기 위해 설계되었다. 그 우물이 당신 안에서 흐르면 당신의 문제가 여전히 남아 있건 당신을 떠나가건 더 이상 중요하지 않다. 중요한 것은 당신이 하나님과 함께 사랑 안에 있다는 것이다.

그 사랑은 바울이 "이 교훈의 목적은 청결한 마음과 선한 양심과 거짓이 없는 믿음에서 나오는 사랑"(딤전 1:5)이라고 말한 것이다. 당신이 그렇게 사랑한다면, 당신은 죽는 날까지 하나님을 찬양할 것이다.

삶의 마지막 날, 찰스 웨슬리(Charles Wesley)에게 찬송가 가사가 속삭임처럼 들려왔다.

"나 사는 동안 나의 창조주를 찬양하리."

기력이 점점 쇠해지자, 그는 이 말밖에 할 수 없었다.

"찬양하리, 찬양하리."

그는 마지막 숨을 거둘 때까지 이 말을 계속했다.

성경은 하나님 아버지의 위대하심을 우리에게 일깨워 주는 문장들로 가득하다. 그 말씀을 큰소리로 읽는 것은 하나님을 향한 우리의 사랑을 표현하는 데 도움이 된다.

내가 좋아하는 성경 말씀 중 하나는 시편 103편이다. 이 말씀은 내가 "저는 정말로 하나님을 사랑합니다!"라고 말할 수 있는 훌륭한 이유가 된다.

하나님은 한때 나의 지옥이었던 곳에 그분의 천국을 가져오셨다.

높여드림의 능력

초판 1쇄 발행	2025년 1월 22일

지은이	멀린 캐러더스
옮긴이	이지혜

펴낸이	여진구		
책임편집	이영주 박소영		
편집	최현수 구주은 안수경 김도연 김아진 정아혜		
책임디자인	마영애 | 노지현 조은혜 정은혜		
홍보 · 외서	진효지		
마케팅	김상순 강성민	**마케팅지원**	최영배 정나영
제작	조영석 허병용	**경영지원**	김혜경 김경희

303비전성경암송학교 유니게 과정
이슬비전도학교 / 303비전성경암송학교 / 303비전꿈나무장학회

펴낸곳 규장

주소 06770 서울시 서초구 매헌로 16길 20(양재2동) 규장선교센터
전화 02)578-0003   팩스 02)578-7332
이메일 kyujang0691@gmail.com   홈페이지 www.kyujang.com
페이스북 facebook.com/kyujangbook   인스타그램 instagram.com/kyujang_com
카카오스토리 story.kakao.com/kyujangbook
등록일 1978.8.14. 제1-22

ⓒ 한국어 판권은 규장에 있습니다.

책값 뒤표지에 있습니다.
ISBN 979-11-6504-592-0 03230

규 | 장 | 수 | 칙

1. 기도로 기획하고 기도로 제작한다.
2. 오직 그리스도의 성품을 사모하는 독자가 원하고 필요로 하는 책만을 출판한다.
3. 한 활자 한 문장에 온 정성을 쏟는다.
4. 성실과 정확을 생명으로 삼고 일한다.
5. 긍정적이며 적극적인 신앙과 신행일치에의 안내자의 사명을 다한다.
6. 충고와 조언을 항상 감사로 경청한다.
7. 지상목표는 문서선교에 있다.